小さな断捨離が呼ぶ幸せな暮らし方

断捨離トレーナー7人が手に入れたごきげんな住まい

まえがき

あなたの住まいが片づいていないのは、あなたが片づけていないから。

けれど、モノが散らかるのはけっしてあなたのせいではないのです。
それは、モノがただただ多すぎるから。

そう、あなたの手に余るモノの数々。
そう、あなたの手に負えないモノの数々。
そう、あなたの手の施しようもないモノの数々。

モノのはみ出し、モノあふれ、モノまみれ。

そんなひしめくモノたちを前にして、そんな夥《おびただ》しいモノたちに囲まれて、

あなたは今、ため息をつき、
あなたは今、息を詰まらせて、
あなたは今、息苦しさの中にいるのかもしれない。

さあ、ここから始まる七人の断捨離トレーナーの物語。

一つ一つのモノに向かい合い、一つ一つのモノとの関係を問い直しながら、
自分を取り戻していくそれぞれの断捨離。

おずおずと始めた断捨離は、やがて、果敢な取り組みとなって、
生活を変え、人間関係を変え、人生までも変えていく。

余計だったモノを一つ捨てれば、
無用となったモノを一つ捨てれば、
意味をなさなくなったモノを一つ捨てれば、

入れ替わりに心地よさが一つ一つ、いえ、いっぱい流れ込んでくる。

さあ、あなたも、この断捨離の醍醐味を
存分に味わって下さいますように。

やましたひでこ

小さな断捨離が呼ぶ幸せな暮らし方

断捨離トレーナー7人が手に入れたごきげんな住まい

断捨離は、「1つ捨てる」から始められる幸せを呼ぶ暮らし方

「断捨離したから、今の自分がある」
そう言ってはばからない人がたくさんいます。
なぜ「捨てる」にはそんな威力があるのか？
断捨離の生みの親・やましたひでこさんの話を聞けば、なるほど納得。
さあ、ご一緒に断捨離ミラクルワールドへ。

断捨離とは行動ありき。するか・しないかです！

「ごきげんさまです」の挨拶から始まる、やましたひでこさんとのご対面。その笑顔と清々しい住まいは、まさに「ごきげん」そのものです。やましたさんにとっての断捨離は、「あなたの命をごきげんに立ち返らせる道」とのこと。

「本来、命は〝ごきげん＝快〟に行くようにできています。断捨離さえすれば、元のごきげんに戻れる。まさに、本書に登場していただいた7人の断捨離トレーナーがごきげんになっていきましたからね」

断捨離とは、やましたさんがヨガの行法哲学「断行・捨行・離行」から着想を得た住まいと心の整理術。2009年に『新・片づけ術 断捨離』が出版されると、関連書籍を次々と上梓。アジアやヨーロッパなど海外へも広がっていき、世界各地に〝ダンシャリアン〟を生み出しています。

とはいえ、断捨離に取り組む誰もが「ごきげん」になっているかというと、そうとは限りません。断捨離したいけれど時間がない、どこから手をつけたらいいかわからない、家族が協力的でない、リバウンドしてしまった……と、やましたさんのところに寄せられるお悩みはいっぱい。「断捨離したいけれど、できない」という人はどうしたらいいのでしょうか？

「断捨離は『できる・できない』ではなく『するか・しないか』です。頭でいくら考えていても、行動しないことには始まりません。目の前の1つのモノと向き合って、要・不要を判断する。いると判断したら手入れをしながら使っていく。いらないと判断したらゴミ袋に入れ、家の外に出す。断捨離はトレーニングであり、お稽古です。だから失敗してもいいし、リバウンドしてもいい。トライ&エラーです」

目の前のモノを1つ捨てれば、その1つ分だけ自由も愉快もごきげんも増える。余計なモノを手放してこそ、空間がよみがえり、人生の価値ある時間が生まれるのです。

「ぜひ断捨離で、ご自身の手で、人生をクリエイトしていってください」

やましたひでこ

断捨離提唱者。BS朝日「ウチ、"断捨離"しました！」のテレビ番組も人気。処女作『新・片づけ術 断捨離』に続く『俯瞰力』『自在力』三部作（マガジンハウス）、『家事の断捨離』『1日5分からの断捨離』など「モノが減る」シリーズ（大和書房）はロングセラーに。

モノを捨てるたびに、あなたは、時間、空間、元気、出会い、運……、すべての自由を手に入れる

不全感から始まった7つの断捨離ストーリー

本書には「1つ捨てる」ことで人生を変えた7人の断捨離トレーナーが登場します。彼女たちは、いわば一歩先を行く断捨離の先輩。モノが絞り込まれた美しい住空間のみならず、そこに至るまでの試行錯誤にこそ、大きな気づきを与えてくれます。

「断捨離トレーナーは次の3つの〝出身〟が多いんです。片づけられない汚部屋派、きっちり収納にハマった人、

ここに立つのが愉しみになる、お客さまとの会話も弾む、明るくオープンなキッチン。お手入れは食器も作業台も床もペーパータオルで「そのつど拭き」「ついで拭き」。

黒光りした扉とダイナミックなアート＆マット、そしてキリンの置き物が出迎えるやましたさんのお宅。玄関はウェルカム空間と意識し、モノは最小限、手入れは念入りに。

ストレスによる買い物依存。人生に対しての不全感があり、このままじゃいけない……というところから始まっています」とやましたさん。

その多くは、更年期や子どもの自立、親の介護などに心揺れる40代、50代の女性。断捨離と出会って苦境から脱し、自己肯定感、自己受容感、自尊感情が戻ってくると、「誰かのお役に立ちたい」という気持ちが芽生え、断捨離トレーナーを目指すのです。

やましたさんは２０１３年、「困っている方々を直接サポートする指南役を育てたい」との思いから、断捨離トレーナー認定を開始。「断捨離検定１級試験」（レポート・筆記試験・面談）に合格した後、トレーナー認定講習を経て正式な「やましたひでこ認定断捨離トレーナー」となります。２０２３年現在、１４２人（インターン含む）が全国で活動中です。

「じつは断捨離トレーナーは、なってからが人生のスタート。現場に出て人前に立って、さらなる試行錯誤が待っています。同時に仲間もでき、常に自分を成長させる環境に身を置く。大変だけどやりがいがある。何より自分の人生がいちばん変わるんですよね」

織物美術家である龍村光峯による龍の模様をあしらった西陣織の帯。額縁に入れ、神々しい置き物と共に飾ります。Zoomセミナーの背景としても登場します。

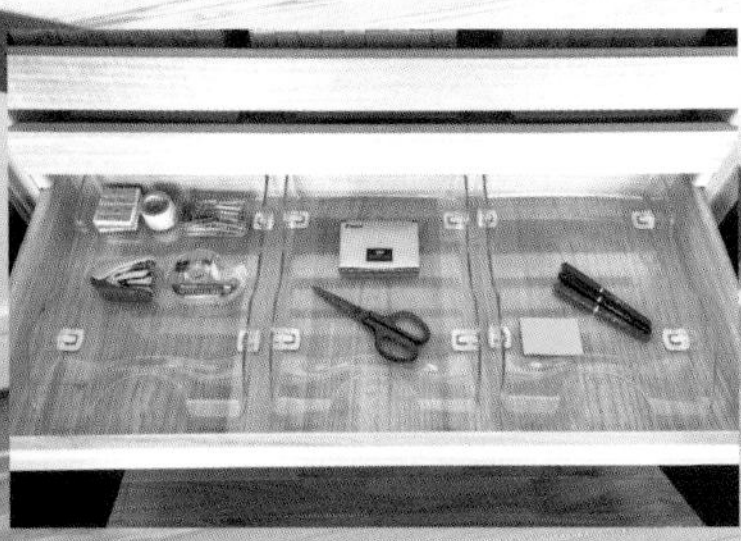

着物箪笥の浅い引き出しを利用して書類箪笥に。ここ文房具コーナーは、書くモノ、切るモノ、閉じるモノに3分類。空間のノイズを作らない透明ケースで。

選び抜いていくから
〝時空間〟にゆとりが生まれる
自分自身を取り戻し、
人生をクリエイトしていく

心地よい暮らしは お手入れのおかげ

「断捨離」という言葉が一般化するにつれて、やましたさんの思いとは違う〝掟〟がひとり歩きしてしまうことも。

「モノを増やしてはならない、何でも捨てなきゃいけない、と思っている人もいますが、そうではありません。自分の軸でちゃんと選び抜いていきましょう、ということ。モノを取捨選択する際、『要・適・快』『不要・不適・不快』を見極めようと叫んできましたが、最近、新しい〝モノサシ〟を手に入れたんです」

　とやましたさん。それは、「しゃれているか、みっともないか」と自分に問いかけること。

「見た目もふるまいもあり方も生き方も『見苦しい』より『みっともない』と言われたほうがこたえません？　つまりセンス。センスというと難しい気がしますが、じつはセンスとは余白。よく『私、センスないから』と言うけれど、余白があると見えてくるんです」

　やましたさんはまた、手入れの大切さを強調します。

「私たちは手に入れるけれど、その後は手入れをしない。逆に手入れをすると、ちゃんと手の内に留まる。人間関係も同じでしょう？　空港のトイレがいつも気持ちいいのは、お掃除してくれる人たちのおかげ。手入れ＝メンテナンスは非常に価値があるんです。お給料を倍にしないと！」

　本書の断捨離トレーナー7人が、どうモノを選び、どう手入れをしているかにもぜひ注目を。

洗面所は身づくろいする場。自分自身を磨くように、鏡や水道のカランもピカピカに磨きます。鏡の中は種々のボトルをオブジェのようにディスプレイします。

「食器棚は私の趣味」というやましたさんお気に入りの空間。上質な器も普段づかい。棚板を減らし、「いかに収めるか」より「いかに収めないか」に腐心します。

基準は１シーズンに３足。行動的になれる靴を一定期間、履いて履き倒します。収録で訪れたお宅でもらった小物も一緒に飾って「再会」を愉しんでいます。

バスルームから上がった一角に椅子を置いて。絵と一緒に飾ればオブジェにもなり、ちょっとした休息所にも。空間のゆとりが暮らしにゆとりを生み出します。

鍋とフライパンは「見てくれ」で選びます。右と左はル・クルーゼ、真ん中はバーミキュラ製品。ニトリの「座布団」を敷いてゆったりと出番を待ちます。

リビング＝ソファの概念を断捨離。変幻自在に配置できる２つのダイニングテーブルで一人時間もおもてなしも。床の上、机の上にはモノを置かず、水平面を保ちます。

ペーパータオル＆紙袋式ゴミ箱がコンパクトに置かれた洗面台のコーナー。こまごまとしたモノは一掃し、グリーンやアロマの香りで癒しを演出します。

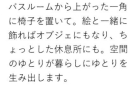

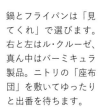

幸運を呼ぶ断捨離の3つのステップ

①現状認識する（見る）――ポイントは俯瞰すること

なぜ現状認識が甘くなってしまうのか？

断捨離のスタートは、よく見ること。「少し散らかっていますが……」と案内されたリビングが、ザ・物置き部屋だったというのはよくあるケース。モノが溜まるほど思考も淀んでしまうのです。現状認識が甘いと、次の現状分析も行動も誤ってしまいます。

俯瞰すると見えてくる！

現状認識するには、「俯瞰する＝鳥の目で見る」ことがポイント。俯瞰するためには、収納の中にあるモノを引っぱり出し、テーブルなど水平面に広げてみましょう。いかに多くのモノを持っているか、いかに使っていないモノを抱え込んでいるかが見えてきます。

溜め込み体質チェック

- □ コンビニでもらう箸やスプーンをとっておく
- □ 試供品をもらったらしまっておく
- □ ホテルのアメニティグッズを持ち帰る
- □ 不要なチラシやDMも、ついとっておきがち
- □ お店やブランドの紙袋をとっておく
- □ 割引商品が好き
- □ 洗剤やティッシュなどのストック品がたくさんある
- □ 洋服はたくさんあるのに着る服がない
- □ 今はやっていない趣味の道具や健康グッズがある
- □ 日常づかいと来客用のモノを分けている

チェックが10個

ヘドロ沼

部屋じゅうモノでいっぱい。身動きがとれず、窒息しそうになっていませんか？　一刻も早く瀕死状態から脱出すべく、断捨離というSOSを。

チェックが4～9個

ドブ池

捨てることよりモノを取り込むことに精を出していませんか？　使わないモノ、忘れられたモノが空間を圧迫し、暮らしを圧迫する危険も。

チェックが1～3個

溜め池

パッと見キレイ。でも収納グッズや収納術で片づいた気になっていることも。使いにくい、ほしいモノがすぐ見つからないなら要注意。

②現状分析する（見極める）――〝3つのふるい〟にかけて

断捨離とは、「今」「ここ」「私」に立ち返ること

断捨離のステップ、「よく見る」の次は「見極める」。まず、どこから着手するかを見極めましょう。片づけ下手な人の常套句が「どこから手をつけていいかわからない」というもの。片づけやすい場所？ テコ入れしたい場所？「自分で診断と治癒ができるのも断捨離の醍醐味」とやましたさんは話します。

「捨てる？ 捨てない？」の3つのふるい

着手する場所を決めたうえで、「捨てる・捨てない」の見極めには、3つのふるいがあります。1つめは「どこからどう見てもゴミ」を手放すこと。2つめは、自分軸と時間軸を見る、つまり「今の自分にとって必要？」と問いかけること。そして3つめは、より感性に働きかける見極めを。「ふさわしい？」「心地いい？」「みっともない？」と問いかけていきましょう。

断捨離は、「断つ」「捨てる」「離れる」の新陳代謝

断

なだれ込むモノを「断」つ

手元にやって来るダイレクトメールや試供品などはその場で「断」。

×

断と捨を繰り返す

捨

不要なモノを「捨」てる

かつて必要だったモノも用済みになったら空間から取り除いて。

＝

離

「断」と「捨」をくり返しモノへの執着から「離」れる

モノ・コト・ヒトが循環・代謝し、清々しい「離」の状態に。

モノを選ぶときには3つの軸がある

自分軸

断捨離では、常に主語は自分。今、自分が使いたいか否か、必要か否か、ふさわしいか否か――。モノと向き合う時、いつもこうして自分に問いかけていきましょう。

他人軸

いただきモノだから、友達との思い出だから……と他人のことを考えて捨てられないのは他人軸の考え方。モノを持つのは自分、この家で暮らすのは自分だと意識して。

モノ軸

自分ではなくモノが主体になった考え方。「これはまだ使える」「希少価値のあるモノだから」はモノ軸の考え方。大切なのは、「自分が使いたいか、必要なのか」です。

③行動する（見切る）——ともあれ、捨てれば変わる

小さな断捨離からスタート

まずは1つ、まずは1か所から捨ててみる

賞味期限切れの食品、かかとがすり切れた靴下、欠けて使っていない食器……こうした悩む必要のない、明らかな「不要なモノ」から捨ててみましょう。1つ捨てたことで、「1つできた」。加点法で自分をほめ、さらにもう1つ捨てていきましょう。

↓

配置替えをしてみる

やましたさんのお宅は家具もモノも移動することが前提。来客のたびに変わるダイニングテーブル＆チェア、買い物のたびに移動する冷蔵庫の食品たち。空間のお絵描きを愉しむように配置替えすると、いつもの景色が変わり、新陳代謝が生まれます。

↓

そのくり返し

断捨離は一度やって終わり、ではありません。生活していたら散らかるのはあたりまえ、リバウンドも必然。毎日お風呂に入るように、部屋も毎日手を入れ、手をかけていきましょう。必要だったモノも時間の経過と共にその価値は変わっていくのですから。

たった1つから始めた断捨離が人生を切り開く第一歩に！

いきなり大量のモノ、大きな空間に手をつけずとも大丈夫。断捨離は、「目の前の1つ」の積み重ねです。

失敗を招く3つの保留

見る→見極める→見切る。断捨離の3つのステップで私たちがつまずくのは「保留＝見て見ぬふり」をしてしまうから。時間が経つほど問題は大きくなり「取り繕う」ように。こうした保留グッズは人間関係にも影響します。あなたはどの保留グセがありますか？

判断から保留しない

判断の保留

「要・不要」の判断の保留をしてしまったら、そこから先には進めません。手元に来た郵便物を「後で見よう」と思ったら、たちまち書類の山に。

決断の保留

「いらない」と判断したけれど、まだ捨てるとは決めていないモノたち。例えば傘。「汚れてしまったけれどまだ使える？」と逡巡していませんか？

行動の保留

「いらない」と判断し、「捨てる」とも決めた。でも実際にゴミ出しをしていないモノたち。大型のモノ、ゴミ出しに手間がかかるモノによくありがち。

口癖——こんな言葉が口から飛び出したら要注意

ご自宅訪問をすると、必ず出てくるのが以下の言葉たち。これらは全て捨てないための言い訳です。やましたさんにズバリ指摘されて、ちょっとした反発心もあるのかも。もし口から飛び出していたら「捨てるのに躊躇しているモノ＝捨てていいモノ」と判断してOK。

関係性——モノの奴隷でなく、モノと仲良くする

例えばお部屋の住人。モノに埋め尽くされ、生活もままならなかったら、モノの奴隷になっているのに他なりません。断捨離は、関係性が終わったモノを取り除いていくこと。その結果、残ったモノは関係性が生きているモノ。こうして身の回りの環境づくりをしていくと、自分自身も生き返っていくのです。

断捨離で、「家」と「あなた」はこう変わる！

モノと仲良し

↑

	気のレベル	
断捨離マスター	上昇 ●自在空間 ●機能美 ●必要最低量	●厳選して絞り込む ●モノを使いこなす ●使い切る ●捨てるモノが最小限になる ●満足とすがすがしさを味わう
断捨離中級の人	新陳代謝 ●住まい ●整頓 ●適量	●モノの要・不要の判断が早い ●もったいないを言い訳にしない ●潔さと思い切りが身に付く
断捨離初級の人	停滞 ●物置状態 ●雑然 ●過多	●モノの量と質に意識が向く ●要・不要を判断する ●捨てる迷いと向き合う
断捨離以前の人	腐敗 ●ごみ置き場状態 ●堆積 ●大量	●モノの量と質に無自覚

↓

モノの奴隷

「でも」「だって」

この言葉を発する人は「ないと不安」「後で困るかも」という未来不安型。でも結局、使わないことがほとんど。「もったいない精神」で空間を埋めるほうがもったいない！

「とりあえず」「なんとなく」

この言葉を発する人は、考えるのが面倒で逃げている現実逃避型。考えるのを放棄したらモノは増えていく一方。モノでなく、あくまで自分が主軸であることを忘れずに。

「せっかく」

この言葉を発する人はモノに対する執着が強く、「もう手に入らないかもしれない」と思う過去執着型。「せっかく」程度なら捨てても困りません。後悔したらまた買えばよし。

第1章

時間と空間を手に入れた住まい

収納をすべてオープンにしたら、自分への信頼が生まれた

新型コロナ禍、身内の不幸が立て続けに――。トンネルに入っていた義永直巳さんが暮らしを一変させたきっかけは、断捨離メソッドを生かしたリフォームでした。

義永直巳さん

断捨離歴6年

50代。京都市在住。1人暮らし。自宅で月1回の「ダンシャベリ会」を開催。「断捨離で自分を取り戻し、人生を切り拓いていこうとする人を応援します！」

音楽、スポーツ、お菓子づくり……趣味のモノが共存する楽しい住まいという印象の義永さんのお宅。その趣味の守備範囲の広さに驚かされます。

新型コロナウイルスの流行が始まった2020年は、義永さんにとって試練の年でした。5月に実家の父が亡くなり、9月には夫が、その2か月後には義理の母と不幸が続いたのです。

「1年に3度もお葬式を出し、3人の遺品整理をするなかで、あの世にモノを持っていくことはできないと痛感しました」

そこで心機一転をはかる思いから、30代で購入したマンションを

リビング＆ダイニング

水平面にモノはゼロ　だから心軽やか

2021年にリフォームしたLDK。間仕切りの壁と障子を取り払うと、光が差し込む明るい空間になりました。自称「モノを溜め込みたくなる性格」のため、あえて「隠さない収納」に。見せるからこそモノを厳選し、美しくディスプレイする、いい循環が生まれました。ダイニングテーブルには何も置かず、つねにゼロベース。

断捨離で知った「必要なモノは、じつはごくわずか」

フルートは、義永さんの趣味の1つ。音響のよい空間での練習には熱が入ります。楽器演奏だけでなく、観劇や推しのライブで全国を飛び回る行動派です。

大型のソファ＆オットマンで昼寝をするのも至福のひと時。快適空間をキープするため、日々モノの選択・決断を繰り返しつつ、「まだまだ発展途上です」と義永さん。

全面リフォームすることに。リビングと和室の仕切りを取り払い、3LDKの間取りを2LDKに。

もっともこだわったのは、扉のないオープンな収納。「入れて収めることがモノが増えていく元凶」と考え、各部屋「見せる収納」で統一しました。総じて収納スペースが減ったことで、今まで収まっていたモノが収まらなくなり、さらにモノを厳選する好循環が生まれたのです。

「住まいを見せることは自分を見せること。どこから見られても大丈夫という自分への信頼感が増しました」

キッチン

広々したスペースでお菓子づくりに没頭

義永さんのお菓子づくりは、味だけでなく見た目にも徹底してこだわるプロレベル。通信教育の先生からの課題にストイックに取り組んでいます。そのためにもワークトップには、作業を邪魔するこまごましたモノは一切置きません。鍋もフライパンも調理器具も、引き出し収納で取り出しやすく、しまいやすく、美しく。

before

キッチンの引き出し

使っているモノも使っていないモノも一緒くたになった昔の引き出し。「取り出せない」「みつからない」とイライラのもとに。

お皿は、来客用も普段づかいも一緒に並べて「見せる収納」で。重ねるのは５枚まで。スイーツを提供する際には、お客さまに形違い・色違いのお皿を選んでもらう楽しみも。

上）カトラリーもお箸も最小限。お客さまにはレストラン風のカゴで出すことも。右）楽しげに並ぶル・クルーゼの鍋。ごはんは圧力鍋で炊いています。左）小鉢から大ぶりのプレートまでここにひとそろい。

シンク周りにあるのは、心が和むグリーンだけ。スポンジや洗剤は使う時だけ引き出しから登場。

断捨離との出会いはやましたさん訪問企画

「このオープン収納に踏みきれたのは、まさに断捨離のおかげ」と話す義永さんは、専門職として30年以上、地方自治体に勤務。仕事のストレスを解消するかのように趣味で気分を紛らわせていました。趣味のモノが収納スペースに押し込まれたあげく、床の上にもはみ出すように。仕事ではリーダーを任されたもののイマイチ自信が持てず、家はさらに散らかる始末。

そんな自分を変えたいと応募したのが、雑誌の「やましたひでこ断捨離指南企画」。実際にやましたさんが義永さんの自宅を訪れ、大量のモノを処分したのです。

「家が片づかないのは、片づけが苦手なせいだと思っていましたが、モノが多すぎたんですね。今の自分にとって必要なモノはごくわずかでした」

断捨離で変わったのは、部屋だけでなく、義永さん自身でした。周りの評価が気になる他人軸から、自分がどうしたいか、どう暮らしたいか、どう生きたいかという自分軸へシフトしていったのです。

扉のついた食器棚の右手は、遠目からも絵になるグラス＆カップコーナー。左手は食品ストックコーナー。互いに重ならず、パッケージが見えるよう配置しています。

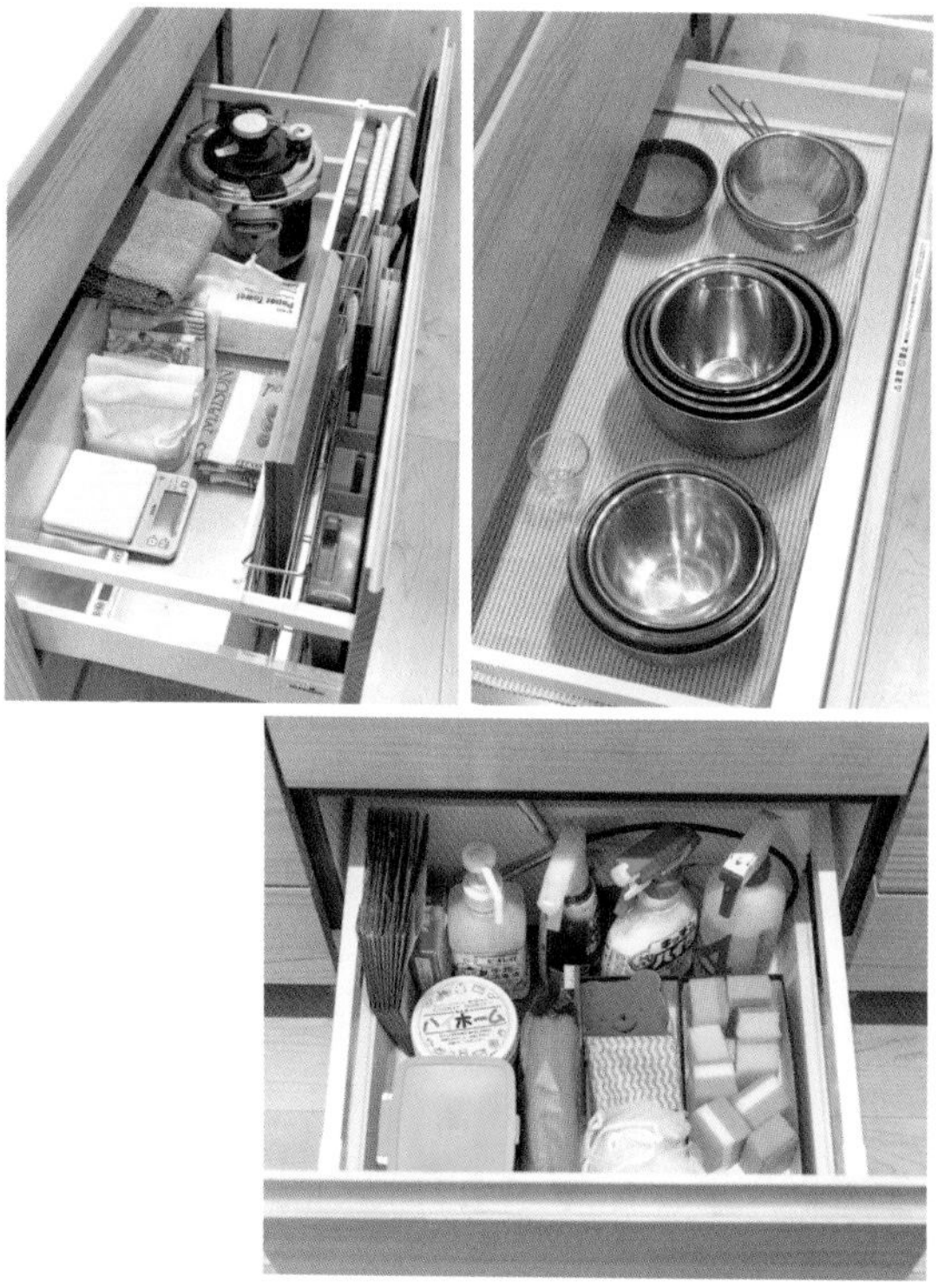

上右）お菓子づくりに必携のボウルはサイズ豊富。上左）包丁やまな板、キッチンペーパー、計量器が控えているシンク下コーナー。下）引き出し１つがお掃除グッズコーナー。スポンジは３分の１に切って早いサイクルで使います。

冷蔵庫

賞味期限切れを捨てたらスッキリ

断捨離のスタートは冷蔵庫から。中身を「全出し」し、床に広げると約2畳分になりました。

賞味期限切れの食品・調味料を捨て、再び冷蔵庫に収めていくと、ガランと空間ができて驚いたそう。

before 冷蔵庫

ぎゅうぎゅうに詰まっていると庫内の電灯が届かず、下に行くほど暗室に。

多忙な義永さんは日曜日、１週間分のお弁当を作り置きしています。保存容器にはフーチャンプルーやチーズタッカルビなど豊富なメニューが。

右）冷凍室には作ったばかりのマカロンも。お菓子づくりの作品はたびたび職場へおすそ分け。左）野菜や果物はそのまま保管、あるいは透明袋で「見える化」。

メイク・スキンケア道具は、化粧品売り場のようなディスプレイで。毎日の身支度が楽しみになります。

before

洗面所と鏡の中

「今、使っていないボトル」まで雑然と並び、洗面台まであふれ出しています。

風呂、洗面所

シャンプーボトルは浴室に置かない

入浴時にボディソープやシャンプーを持ち込む「銭湯方式」を採用。手入れのしやすさ第一で清潔な浴室をキープします。

洗面所にも「見せる収納」は健在。タオルから着替えまで、「手入れできる量だけそこに並べておく方式」をとっています。

自分をもてなす空間は皆が心地よい空間

断捨離でモノの選択・決断を繰り返すうち、自分にとって大切なコト・モノ・時間を選び抜けるようになったという義永さん。

「空間に余裕ができると、時間にも余裕ができて、気づけば自宅がいちばんの癒やし空間になっていました。また、自分をもてなす空間は、人にとっても心地いい空間

「部屋がスッキリすると、心もスッキリする」を入口から実感できる空間です。

玄関

窓からの光が来客をおもてなし

窓枠を額縁にするようにして飾られた小物が、お客さまと主人を出迎えます。それ以外の「雑音」になるモノは一切置かず。

靴箱の中で気づけば増えている靴は、定期的に断捨離をします。いったん靴をすべて出して俯瞰すると「今・ここ・私」にとっての要・不要がクリアに。1段に2足or3足と総量規制しています。

右手の棚にはウォーキング、ランニングなど用途に応じたスニーカーが数種類。その下に冬のブーツが収まります。左手の棚には夏のサンダルなどが。

クローゼット、書斎

ハンガーの「間」で総量規制するおかげで、気持ちよさそうに並ぶトップスコーナー。下着はカゴに収め、Tシャツ、ベルトなどの小物や鞄はオープンな棚に「直置き」。

扉がないから着る服を悩まない

リフォームの際、「棚とハンガーラックだけにしてください」とオーダーした扉のないウォークインクローゼット。工事が進むなかで扉の有無に迷いが生じたものの、今は「妥協しなくてよかった」と満足しています。

季節の洋服をメインに配置し、季節外の洋服は下の箱で待機。忙しい朝も一目でわかるディスプレイです。

before クローゼット

「隠れる収納があるとつい押し込み、詰め込み、溜め込みたくなる」を体現した、かつてのクローゼット＆押入れ。

右）こちらはボトムス＆ジャケットコーナー。40分以上歩いて通勤するため、動きやすい服が中心。左）着物箪笥を処分し、4段の桐のケースで着物を管理しています。

趣味部屋には、オブジェのように置いた自転車と天井までの書棚。本の合間には文房具や工具が収まるミニ引き出しも。

のようで、友人や職場の仲間がよく遊びに来てくれます」

そんな義永さんの断捨離は、職場にも波及していきました。以前から書類の多さが気になっていたため、皆に声をかけて、いらない書類の断捨離を決行。また、給湯室の扉の中にある不要なモノを処分し、シンクをピカピカに磨いたら大好評。

「職場は、働く人が1日を長く過ごす場所。皆がごきげんで働いてもらいたい」。そんな思いで職場環境を見直していくと、なんと部署の時間外勤務も半減したとか。

2023年に断捨離トレーナーとなった義永さんは、「いろいろな職場の環境改善にも取り組んでいきたいです」と今後の展望を語ります。

Technique

やましたひでこさんが
解説

"時間"と"空間"を手に入れた住まいの断捨離テクニック

収納をオープンにしたことで、時間にも空間にもゆとりを手に入れた義永さん。その"象徴空間"をやましたさんはどう見ているでしょうか。

まず空間にフォーカスすると あらゆるゆとりが生まれる

「時間にゆとりを作ろうとしてもどう作ればいいかわからない。でも空間にゆとりを作ろうと言ったら誰でも取りかかれます。義永さんのお宅は、空間のゆとり→時間のゆとり→気持ちのゆとりという好循環シフトが生まれています」（やましたさん）

こんなワザも！

- ●テーブルの上にはモノを置かない。つねにゼロベース
- ●日用品はすべてオブジェ。ギャラリーのように飾る
- ●美しいデザインのライトで光を楽しむ

収納をオープンにすることは、素のままをさらけ出すこと

「洋服は自分を保護するものであり、演出するものであり、評価基準でもあります。収納をオープンにすることは、その鎧を脱いで自分の素のままをさらけ出すこと。自分は自分で大丈夫という自信が出てきます」

こんなワザも！

- ●扉の中をオープンにするほど、オープンマインドに
- ●いっぽうで「秘密」も楽しい。下着は上手に隠して収納を
- ●ハンガーにもゆとりを持たせ、洋服を「総量規制」

ルールの多いゴミ出しは自分流にアレンジする

「ゴミ出しは時間の制限、場所の制限があります。私（やました）はオープンなゴミ箱にしていますが、それぞれの住宅環境、家庭の事情によって変わります。義永さんのゴミ箱が引き出しにスッキリ収まるのは、リフォームの際にちゃんとデザインしたのでしょう」

こんなワザも！

- ●住宅を選ぶ際は、「ゴミ出しの自由度」を視野に入れる
- ●それ自体が汚れやすいゴミ箱の手入れをしよう
- ●持ち運び自由で清潔な「紙袋」のゴミ箱もオススメ

もう隠さなくていい 自分のエネルギーを 前向きに使える

「バリバリ働く女性たちは、自分を能力ある人に見せるために自分のコンプレックスを隠します。仕事で〝これができない〟とあってはならないと思っている。でも収納をオープンにした義永さんはもう隠さなくていいのです」

こんなワザも！

- ●家の中にアート空間を作ろう
- ●「見せる収納」で選ぶモノの質と量が変わる
- ●時々、モノの配置替えをして楽しむ

趣味のモノを エクスキューズに使うか、 本当に楽しんでいるか

「自分のキャリアへの評価をモノでしたくなるけれど、ただモノを買うのは後ろめたい。〝この趣味にエネルギーを注いでいる〟というエクスキューズが必要。こうして趣味のモノをあふれさせている人が多くいます」

とにかく気分がスッキリしました

こんなワザも！

- ●「どうありたいか、どう生きたいか」でモノを選ぶ
- ●大型のモノもオブジェのように飾る
- ●書棚は知的好奇心のワンダーランドに

時間と空間と 断捨離の 不思議な関係

負のスパイラルを 逆回転させる

やましたさんによると時間と空間は1つ。「時空間」という同じもの。たとえば趣味のエアロバイクが空間を奪っていると、それを維持管理する時間を奪います。そのエアロバイクを楽しんでいたら、維持管理することじたいも楽しむことができるでしょう。逆に、使わずに放置していたら、時間も空間も奪われ、エネルギーも奪われます。「私」と「モノ」との関係がすべてを決定するのです。

モノで空間が埋まり、時間も埋まる――この負のスパイラルを逆回転させるのが断捨離。1つ余計なモノを取り除くと、1つ空間も戻って来て、維持管理の時間も戻って来る。エネルギー、つまりゆとりも戻ってくるのです。

実例

〝時間〟と〝空間〟が手に入る洗面所の断捨離

「モノの溜め込み」が生活のあらゆることを阻害していたと気づいた義永さん。空間に余裕ができると時間にも余裕ができることを、ただいま実感中です。

大切なことに費やす時間ができた

義永さんが断捨離したのは、モノだけでなく、モノを入れる収納、モノを隠す扉に及びます。一般的な洗面所と違うのはこの点。選び抜いたモノを慈しむようになると、家そのものを愛おしく思え、さらに自分のことを大切に思えるようになったといいます。

「大切なことに費やす時間が持てるようになりました。気持ちが追いつめられることがなくなり、以前より好きなように、自由自在に暮らせるようになりました」と義永さん。

義永直巳さん宅の洗面所

どこを見られても大丈夫な自分

義永さん宅の真骨頂、「オープン収納」は洗面所にもお目見え。棚板が稼働する棚の上段は飾りスペースとして、中段はタオルや部屋着スペース、下段のティファニーの箱は下着入れとして活用。

床が広がり掃除がしやすい

本来なら隠すところを隠さないのがポイント。洗面台下をオープンにしたことで、水道管の掃除のみならず、床掃除もしやすく。床面積が広がったことで空間にも広がりが生まれました。

清々しい空間で1日をスタート

洗面台の上はハンドソープが1本、鏡や水道のカランもしっかり光らせて。じつは手入れがしづらい引き出しは2つにとどめ、死角の少ない空間に。だから掃除がカンタン、いつも清々しく。

やましたひでこさん宅の洗面所

磨いてピカピカ、ダブルの気持ちよさ

自分の姿を映す鏡を磨くことは、自分を磨くこと。磨く行為も気持ちいいし、磨き上がったピカピカの状態も気持ちいい。そんなダブルの気持ちよさを洗面所で日々味わっています。

1引き出しにつき1アイテムが理想

「引き出しはゴミ箱」とやましたさんが豪語する引き出しは、こまごまとしたモノ、使っていないモノ、さらにホコリもたまりがちな空間。理想は「1引き出し、1アイテム」で数を絞ります。

水回りの手入れで運気を巡らせる

「水回り」は大切な身づくろいの空間。排水口を詰まらせてしまうことは「出口を詰まらせる＝人生が行き詰まる（息詰まる）」こと。見えないところの手入れこそ、そのつど、そのつど。

本書に登場した方たちの洗面所実例集

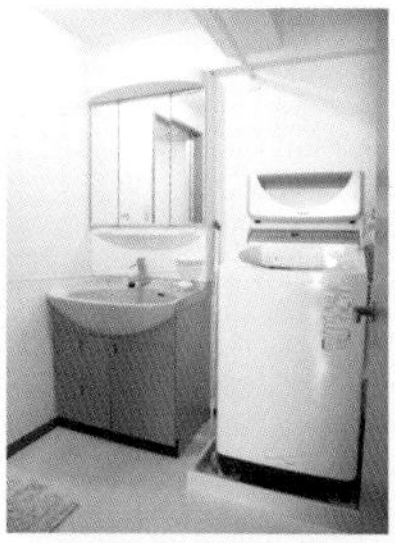

高橋ひとみさん宅の洗面所

家も体と同じ「出口」をスムーズに

「出口の通りをよくする」ことを意識して日々、排水口磨きに精を出しています。

佐藤ひとみさん宅の洗面所

汚れやすいからこそ毎日こまめ掃除

汚れやすい場所だからこそ清潔第一。リフォームしたお気に入り空間は手入れも楽しく。

丸山ゆりさん宅の洗面所

ストックは少なく必要になったら買う

「水回り」は清潔で気持ちよく使いたい場所。つねにモノの取捨選択を欠かしません。

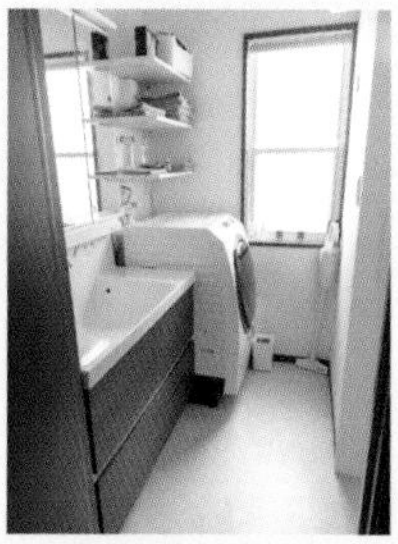

中場美都子さん宅の洗面所

いつもごきげん家族の共有スペース

鏡の中はパーソナルスペースをきちんと分け、「領海侵犯」しないことが平和のもと。

廣田由紀子さん宅の洗面所

そのつど掃除で清々しい空間づくり

1日を気持ちよくスタートさせるために、鏡や水道のカランはピカピカに光らせて。

第2章

元気を手に入れた住まい

〝自分のために〟生きていると周りも幸せになっていく

家族のために、仕事のために。〝がんばりやさん〟の廣田由紀子さんはある時、心身の不調をきたし休職。そこで実感した、「モノを捨てれば捨てるほど元気になっていく」驚きの体験とは？

時々、模様替えして
リビングの景色、
窓の景色を楽しむ

廣田由紀子さん

断捨離歴6年

東京都町田市在住。夫と息子との3人暮らし。関東を中心に「断捨離パーソナルサポート」実施。「☆ZOOMで断捨離お茶会☆」は1年間で約80回開催。

明るくはつらつとした雰囲気の廣田さんは、小さい頃から優等生だったといいます。大人になってからもよい母、よい妻、かつ、よいご近所さんまで目指してきた、自他共に認めるがんばりやさん。

「断捨離と出会う前は保育士をしていました。長時間労働の体力勝負で、動き回る子どもは片時も目を離せません。休日は息子のバイクレースの付き添いで遠方へ。それでも、もっとできる、私がやらねばと自分を酷使していました」

気づくと家は散らかり、家事もこなせず、ただ疲れきって眠り、また起きて出勤する毎日に。

「息子が学校で問題を起こすと、

リビング＆ダイニング

食後の団らんがつづく ソファ兼ダイニングチェア

家族それぞれのモノが集まりやすいリビング。ギターやモトクロスの写真など夫や息子の戦利品を愛でながら、家族皆がくつろぐ場所であることを意識しています。

部屋の中心には、ソファ兼ダイニングテーブルを置いて。食事も団らんもリモートワークもここを中心に生活が回ります。時々、模様替えをしてリフレッシュ。

「インテリアにセンスはいらない。モノの数を減らせばできる」と気づいた廣田さん。「どんなによいモノでも、ケアしていなければバレちゃう」と手入れの重要さを語ります。

before リビング

夫のモノ、息子のモノが縄張り争いするかのようにひしめき合う断捨離前のリビング。

before 鉄道模型

父の思い出の鉄道模型。廣田さんがパーツを組み立てたきり、約８年放置されたままに。

職場では先生と呼ばれて保育相談にも乗っているのに、わが子のことは満足に見ることもできないと自分を責めていました」

そんな日々が6年ほど過ぎたある日、廣田さんに異変が起こります。食べ物の味を感じなくなり、頭痛や腹痛がし、耳鳴りがし、不眠に……。さらに驚いたのは、「最近、ぜんぜん笑ってないですよ」と職場の同僚に言われたこと。タイムカードを押したとたん、バーッと涙があふれてきたのを機に、休職することになったのです。

キッチン

カウンター越しに見る、窓の向こうに広がる景色。キッチンに立つ楽しみの1つです。

マットをやめたら後始末がカンタン

手入れのしやすさを最優先にしたキッチン。すぐに作業に取り掛かれ、すみやかに片づくようモノを絞り込みました。

1日の終わりには、シンクを磨いたあと、引き出し前面、冷蔵庫、壁、床を拭くのが日課に。手入れはウェットシートでフットワークを軽く。キッチンマットを取り外すと、後始末がカンタンになりました。

「断捨離すると家事が大げさじゃなくなる」と日々実感している廣田さん。何もないキッチンカウンターには植物を飾りたくなります。

before

キッチンカウンター

カゴにポットに調味料……モノを置くことに疑問を持たなかった、かつてのキッチンカウンター。

右）必要なフライパンは1つ、鍋は2つ。土鍋やホットプレートは箱から出して収納すると、空間はスッキリ、使いやすくなりました。中）かつての趣味だったお菓子づくりを断捨離すると、調理グッズもぐんと少なく。左）お掃除グッズは1つの引き出しに。

気になりだした父の残した鉄道模型

「その頃の私は、もう生きていても仕方ないのかなと思うほど追いつめられていました。仕事を離れ、家にいても、流れる雲をぼんやり眺めるのが精いっぱい。感情を失うということは、生きる力を失うことなんですね」とつらかった当時をふり返ります。

そんな中、ふと気になりだしたのが、部屋の隅で布をかぶっていた鉄道模型。それは8年前に他界した父のモノで、生前、パーツを一つひとつ集め、組み立てる日を楽しみにしていたのでした。

「持て余した母が私に託してきたのでしょう。でも月日が経つうちに〝心の重石〟になっていって。捨てたいけれど、父との思い出を捨てるようでできませんでした」

まずこれを捨てなければ――。直感的にそう感じた廣田さんが捨てる方法を探すと、1分ほどで業者はみつかり、買取代金まで置いて模型を引き取ってくれたのです。

「あまりにあっけなく手放せて、この8年間はなんだったのだろうと全身の力が抜けました」

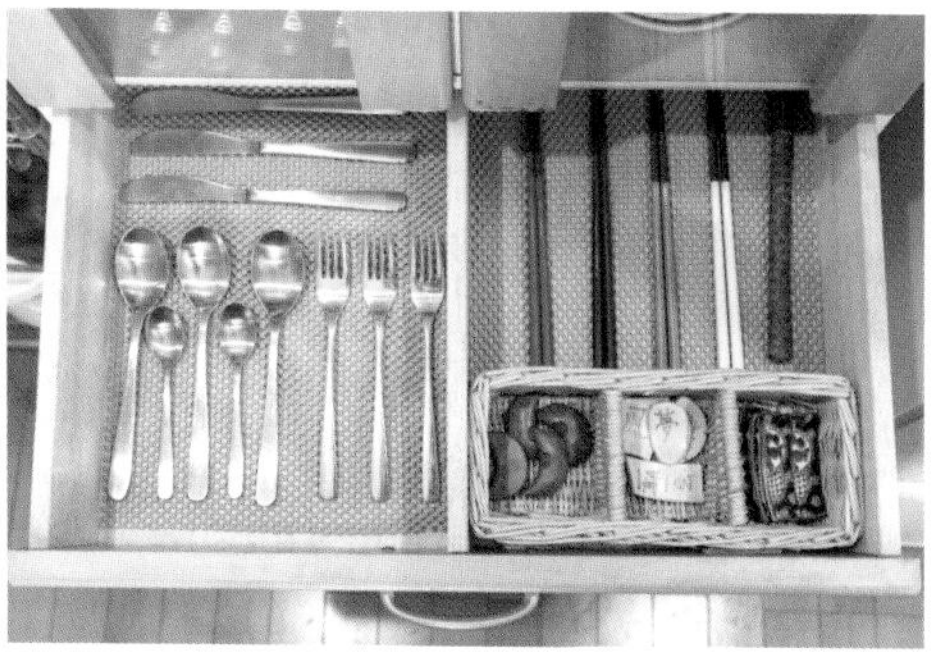

右）カトラリーの箸の数は家族分＋２つまで。シルバー１本１本を光らせています。中）棚の中段に大きめのグリーンを置いてキッチンに彩りを。左）空色の食器棚に青い塗りの食器がよく映えます。棚の大きさも器の数も、家族に合わせてダウンサイジング。

食品ストックは小さな引き出し１つ分。これ以上は買い置きせず、必要になったら近所のスーパーへ。

冷蔵庫

あくまで冷蔵庫は「一時置き場」として

「以前は冷蔵庫に入りきらず、買ってきたキャベツやジャガイモがキッチンの床に転がっていました」と笑う廣田さん。買い物は2日に一度、あくまで冷蔵庫は「一時置き場」と意識しています。

前後・上下に重ならないように置いて、何がどこにあるか一目瞭然の冷蔵庫に。瓶やペットボトルの商品パッケージは外れるものは外して「雑音」を少なく。

右）野菜室には、すぐに使う野菜や果物をおいしそうに並べておきます。左）大量にいただいた梅の実が冷凍庫に待機。やがて梅酢や梅ジュースになって食卓に登場します。

寝室、書斎、和室

寝室の断捨離で不眠症も解消

家の中を移動する際、モップやワイパーを手にして「ついで掃除」をしています。とくに寝室は健康と直結していることを実感。モノが多い時期ほど不眠症に悩まされたため、手抜かりはありません。

自分のスペースをちゃんと断捨離していると、夫や息子のスペースが多少散らかっていても気にならず、ごきげんに過ごせます。

上）リビングに隣接する和室は、何も置かずガランとさせておきます。下）天井裏の部屋。かつては完全なる物置き部屋でしたが、今は書斎＆夫の趣味の楽器スペース。左）安全安心第一の寝室。朝、ベッドメイキングをして心も整えます。

玄関

こまめな掃除でキレイをキープ

隣接するガレージには夫や息子のバイクが数台。直結する扉のある玄関は何かと汚れやすい場所。靴は出しっぱなしにせず、「こまめ掃除」で清潔さをキープします。

玄関の棚は天井との間にわずかな空間を作ったことで、抜け感を感じられるように。

階段にも廊下にも「床置き」は一切なし。1つ置くとまた置きたくなるため「使ったら戻す」の基本を徹底。

before 階段

2階リビングから3階の収納部屋へ続く階段は「床置き」が定番でした。

玄関から入ってまず目にとまる壁のアクセント。建築時、2つ設置する提案をされたものの、結果的に1つにして正解だったと廣田さん。「数を減らすインテリア」を実践。

主治医も認めた通院のいらない治療法

鉄道模型を処分したことで、「捨てられないモノは自分の思いがのっているだけ」と気づいた廣田さんは断捨離をスタート。捨てるほか、メルカリで売り、寄付をし、身近な人に譲るなど、「とにかく家からモノを出す」ことに夢中になりました。

「寝室を整えるとよく眠れるよう

風呂、トイレ、洗面所

そのつど掃除で清々しい空間づくり

「水回り」は1日をスタートさせ、1日を締めくくる大切な場所。同時に汚れやすい場所であるため、掃除のしやすさを第一に。余計なモノを置かず、「清々しい空間」を心がけています。トイレは使うたびにクエン酸水を吹きかけて、トイレットペーパーで一拭き。掃除ブラシを断捨離したことで「そのつど掃除」が習慣に。

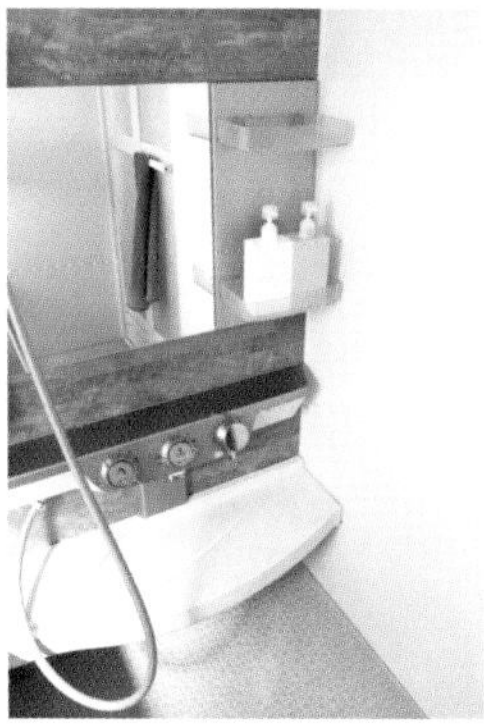

浴槽のフタやイスを取り払い、カビのストレスを断捨離しました。シャンプーやソープはオシャレなボトルに移し、数を最小限に。空間の風通しを大切にしています。

上）鏡や水道のカランはいつも光らせて、心もスッキリ。下）3面鏡の真ん中が廣田さんの収納スペース。家族のスペースに手出し口出しはしません。

洗濯機の周りは、掃除機やワイパーなど掃除用具の待機場所。「家にモノが少ないと掃除がしたくなる」好ループに。お気に入りのカゴで小物をまとめています。

こちらは2階のトイレ。便座カバー、カバーホルダー、足マット一式を断捨離すると、手入れの手間も断捨離できました。

になり、キッチンを整えると味覚と食欲が戻ってきたことに驚きました。家じゅうの詰まりをとっていったら、診断されていた適応障害も治っていたんです」

捨てれば捨てるほど元気になっていく——。この不思議な体験を主治医に話すと、「それは断捨離ですね。僕もやってます」と言われ、うれしくなって一層、断捨離に精を出します。

「いつも自分を後回しにしていましたが、自分を尊重する自分軸こそが幸せへの鍵だと気づきました。精神も体力も回復して家族関係もよくなる断捨離は、まさに通院のいらない治療法ですね」

自分の気持ちに素直になると、家族も素直に返してくれる。そんな心地よいサイクルを日々実感しています。

Technique

やましたひでこさんが
解説

〝元気〟を手に入れた住まいの断捨離成功テクニック

「自分は自分、家族は家族」と思えたら、皆、笑顔で暮らせるようになった廣田さん。その〝象徴空間〟をやましたさんはどう見ているのでしょうか。

新鮮な〝気〟のある服がつねに入れ替わる空間

「これだけ?」とやましたさんも驚いたクローゼット。「洋服は〝気〟を着るもの。古い洋服は〝気〟が抜けている。新鮮な服をいつも選び抜いて、季節で入れ替える。そんな新陳代謝のある空間ですね。ただクローゼット全体の美しさにもう少し目を向けたいですね」

こんなワザも!

- ●毎日、素敵なセレクトショップで買い物する気分で
- ●上段の収納袋は天井に近づきすぎないのが理想
- ●次は難易度の高いプラスチックケースの断捨離を

空間をシンプルにする無地のベッドカバー

ピシッとベッドメイキングされた夫婦の寝室。「空間に対してベッドがやや大きすぎる印象。あるいはベッドは普通サイズで部屋が狭いのか……。日本の家は仕方ないけどね。廣田さんのようにシーツやカバーは無地でお揃いにすると、空間の印象がスッキリします」

こんなワザも!

- ●落下や転倒の危険のあるモノ・家具は取り除く
- ●シーツ・カバーは色や柄はシンプルに
- ●光の入り具合やアートで「目覚めた時の景色」を心地よく

あるのは好きな器だけアートのように飾って楽しむ

「器の数を絞っていて、よく断捨離されています。ほかの家の食器棚と比べると大合格。でも欲を言えば、もっとアートにしたい。例えば上段の5つのお椀は3つを寄せて、もう2つを横に並べるとか。配置替えするのは楽しいですね。食器棚と冷蔵庫は遊べます!」

こんなワザも!

- ●人は飽きる生き物。「今、好きな器」を選び抜こう
- ●食器棚を額縁に見立て、器をディスプレイする
- ●棚板は少なめに。上下・左右に「間」を持たせて

ガランとしていても モノを詰め込まない。 そのまま空けておく勇気

「集中して断捨離してここまでした。廣田さんのまじめな性格が出ていますね」とやましたさんが称するのは、食器棚の下段の扉の中。見えない収納にもかかわらず、あるのは重箱とティーポットとゴミ出しの冊子のみ。

こんなワザも！

- キッチングッズは購入時の箱から出す
- 棚板を減らすと、収納するモノも減る
- 冊子やトリセツは「とりあえず置く」はナシ

買い物カゴは 置きっぱなしにせず、 オブジェとして飾る

カゴが大好きな廣田さん。キッチンに置きっぱなしになりがちな買い物カゴをひょいと掛けておくハンガーが冷蔵庫の横に。「日常づかいのモノがオブジェになっている。いいアイデアですね」とやましたさん。

「やらなきゃ」を手放せました

こんなワザも！

- ハンガーに掛けるなら、好きなモノを一点主義
- ハンガーは「一時掛け」の場。バッグは普段は自室に
- カゴや箱はつい増えてしまいがち。精鋭を選び抜こう

元気と 断捨離の 不思議な関係

空間を元気にすると、もろにその影響を受ける

元気の反対は病気。病気とは気の病になること。私たちが持っている気が損なわれている状態です。

忙しいから家の手入れもできず元気が損なわれているのか、家が病んでいるから元気をなくし人間関係が損なわれているのか、どちらが先かわかりません。大概は、忙しさがなくなれば、人間関係が改善すれば、元気を取り戻せると思っていますが、逆なのです。なぜなら病んでいる空間がいつも自分を損なっているから。その影響を自分がいちばん身にまとっているからです。

まず、“ここ”から元気な空間にしていきましょう。すると仕事に対する思いも変わり、人間関係もよくなる。まさに逆回転していくのです。

実例

〝元気〟が手に入るキッチンの断捨離

「キッチンを整えると、味覚と食欲が戻ってきた」と語る廣田さん。命を育む場所であるキッチンの元気の秘訣とは？

廣田由紀子さん宅のキッチン

誰より自分のためにおいしいごはんを作る

「食べ物は元気のもと。私たちは食べ物の〝気〟を食べています。皆、栄養素を食べると勘違いしているけれど、私たちが摂取しているのは栄養ではなく滋養。そのエネルギーを食べているのです」とやましたさん。

そんな命の源を生み出す大切なキッチンをキレイにしたことで、廣田さんの弱っていた心身にエネルギーが戻ってきました。家族のために作っていたごはんを、今は自分のために作っています。その元気な姿は、家族を笑顔にしています。

大好きなお酒と共に人生を楽しむ

オープンなカウンター越しに夕方の景色を眺めながら、大好きなお酒のおつまみを用意するのも至福の時間。日常の小さなことから、「自分の人生に自分を捧げる」を実践中です。

モノに貼りついた思い込みも断捨離して

かつて床の上まで食材があふれ出していたとは到底信じられないキッチン。空間が生まれるうち、「モノに貼りついた思い込み」まで去っていくようで心が軽やかになったといいます。

モノが少なければそのつど磨ける

「断捨離トレーナーのキッチンは清潔感がある」とやましたさん。命を育むキッチンが散らかり汚れていたらおぞましいこと。「そのつど掃除」をするために、モノを絞り込んで。

やましたひでこさん宅のキッチン

お絵描きするように入れ替えて愉しむ

冷蔵庫の中身は「食べたいもの」だけ。常駐するのは梅干し、味噌、キムチなどの保存食のみ、生鮮食品はそのつど買い。お絵描きするように日々配置替え、入れ替えを愉しんでいます。

水回りコーナーと火の周りコーナーでまとめて

シンク周りの「水回りコーナー」には包丁やボウルや計量カップが、ガス台周りの「火の周りコーナー」には鍋やフライパンがおおまかに分類。手の届きやすい位置で待機しています。

キッチン用品は多いほど混乱する

「皆、数を揃えれば便利になると思っている。でも数があるほど混乱する」とやましたさん。家電は最新設備を重視、調理道具は見てくれで選ぶ。これが「やましたさん軸」。

本書に登場した方たちのキッチン実例集

義永直巳さん宅のキッチン

週末の作り置きも趣味のお菓子づくりも

ワークトップに作業を邪魔するモノは一切置きません。心が和むグリーンが1つ。

高橋ひとみさん宅のキッチン

家族の好みで選んだ器やカトラリー

それぞれの好みで選んだ器やカトラリーを使えば、食事タイムはより楽しく。

星川テルヨさん宅のキッチン

「土砂出し」したら炊事が楽しく

“タメコミアン”の母のキッチンを大断捨離したら、料理も家事も軽やかに楽しく変化。

丸山ゆりさん宅のキッチン

断捨離したら考えるようになった

「今の生活に必要？」とつねに問いかけ、使わないモノ、劣化したモノを断捨離します。

佐藤ひとみさん宅のキッチン

日々使いながら自分仕様にしていく

やや高めのワークトップに合わせて、調理道具は扱いやすいモノを選んでいます。

第3章

出会いを
手に入れた住まい

断捨離していなかったら、3度目の結婚はなかった

2017年に3度目の結婚をした星川テルヨさん。子育てと介護に疲労困ぱいしていたなか、断捨離がもたらした不思議な「ご縁の力」とは——。

むきだしの梁が支える
高い天井の下で
愛猫とくつろぐ

星川テルヨさん
断捨離歴8年
60代。静岡県湖西市在住。夫と愛猫2匹との暮らし。講演や断捨離個人サポートに加え、茶道と断捨離をミックスした「ZOOM断捨離〈茶道〉レッスン」も好評。

穏やかな夫婦水入らずの暮らし。そんな空気感が家のそこかしこから、そして星川さんの笑顔からも漂ってきます。ところが数年前まで、星川さんは心身共に疲労困ぱいしていました。

「長男に発達障害があり、とくに幼い頃は大変でした。保育園や小学校で友達とケンカしては手を出してしまい、何度、頭を下げに行ったかわかりません」

そんな折、実家の母が認知症だと判明。さらに父の急逝と思わぬ出来事が続きます。一人っ子の星川さんは母の介護のため、2011年、中学生の長男、小学生の次男を連れて、静岡県の実家

リビング

好きなモノだけ 好きなように配置する

「猫2匹のくつろぎ場」と称する22畳のリビング。窓のカーテンはすべて取り外し、庭の景色も一体になった、明るい空間となっています。ダイナミックな梁や八角柱を使った古民家風のインテリアでありながら、南欧のダイニングテーブルや北欧のソファが調和。「インテリアの感覚や感性を取り戻している最中です」と星川さん。

お客様部屋としても活用する8畳の和室。猫が出入りしないよう普段は閉めている扉を開けると、リビングと一体化した大空間に。最大30人集合したことがあるそう。

へ戻ることに。すれ違いの多かった当時の夫（2番目の夫）とはこの5年前に離婚しています。

「実家は古く、間取りも不便だったので、全面改築に踏みきりました。家の解体に向けて大量のモノを処分していると、先祖代々の骨董品にくわえて、母の趣味のモノが際限なく出てきて……。改装後もモノは片づかず、気づけば新居はゴミ屋敷になっていました」

いっぽうで母の認知症は進み、娘の星川さんすら認識できなくなっていました。

リビングにはつい私物を置きっぱなしにしがち。各々がそのつど部屋に戻し、家族の共有スペースであることを意識しています。メルカリで手に入れたお気に入りの絵も壁に。

キッチン

モノを減らしたら炊事が楽しくなった

趣味部屋を持つほど〝ダメコミアン〟の母が、長年使ってきた食器・調理道具であふれていたキッチン。大量の「土砂出し」をすることで空間は生まれ変わり、おっくうだった炊事も驚くほど楽しくなりました。料理は「しなければならない」から「したい時にする」へ。現在は夫と週2〜3回、夕食を共にしています。

すっきりと長いカウンターの天板は改築前の家の廃材を利用して。

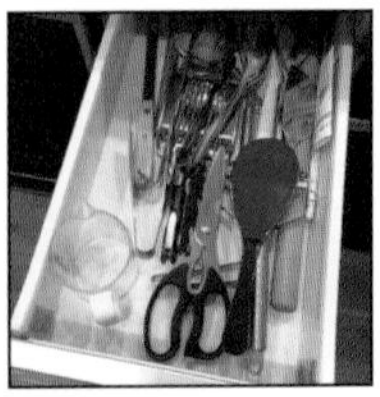

before

キッチン引き出し

断捨離前の調理器具は、見つけにくく、取り出しにくい収納に。もちろん収納の美しさも皆無。

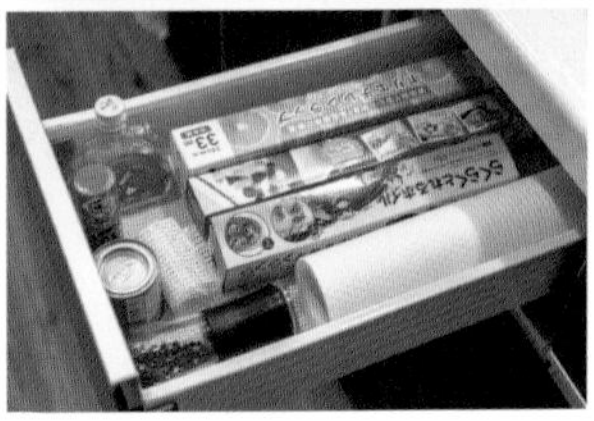

右）電気調理器下の引き出しには、蒸し器にもなる深鍋が1つ、サイズ違いの鍋が3つ。左）調理器具は「用途ごとに1つ」。引き出しの中で「はらはら置き」に。下）ラップやキッチンペーパーは手にとりやすい中央上の引き出しに。

改築の際、ガスコンロは一切廃止。電気調理器を3台置いて料理しています。作業台の上にあるのは水切りカゴのみ。洗った食器は放置せず、早めに食器棚へ戻します。

わらにもすがる思いで断捨離塾に入塾

ある日、星川さんは〝言うことを聞かない母〟の腕をギュッとつかみ、怒鳴ってしまいます。「乱暴しないで」と叫ぶ母の声に我に返りました。

「昔、子どもに怒鳴ったり叩いたりした記憶がフラッシュバックして、このままでは母に虐待してしまう！　と恐怖を覚えました」

断捨離と出会ったのはそんな頃。ゴミ屋敷を片づけたい、自分を変えたい、生活を変えたい……そんな一心で断捨離塾に申し込みます。

子育てにざんげの気持ちもあり、捨てられなかった「子どもの思い出グッズ」にも手をつけました。「モノを捨てても思い出が消えるわけではない」というやましたさんの言葉に背中を押され、昔を思い出して泣いたり笑ったりしながら断捨離。

「意外にも喪失感はありませんでした。むしろ、一緒に乗り越えてきた息子たちに感謝の念が湧いてきました」

そして次なる目標、断捨離トレーナーに向けて歩み出したのです。

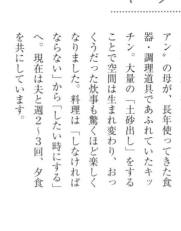

以前はワークトップに塩コショウから海外のスパイスまでズラリ並んでいましたが、結局使わずじまいが多く、断捨離。「調味料は少ないほうが料理しやすいんです」と星川さん。

かつては引き出物やいただきものの器がメインだった食器棚。「断捨離と出会って初めて好みの器を買えるようになりました」と星川さん。「あるから使っている食器だと気分が上がりません。好きな食器に買い替えることで日常生活が違ったものになります」。

冷蔵庫

食べたいものだけ待機している空間

家族の人数が変化するにつれて、冷蔵庫の密度も変化していきます。2人暮らしの現在は、ごく最小限。買い置き、作り置きはほとんどせず、「食べたいものだけ待機している」空間に。

before 冷蔵庫

食べ盛りの子ども用の食材が待機。「詰め込まない」を意識しても日々増えていきました。

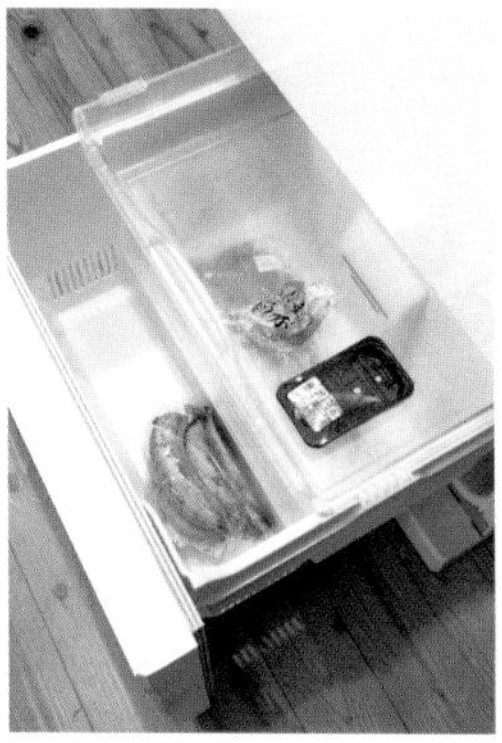

右）野菜室はがらんどう。「野菜はあまり買いだめせず、あるもので献立を考えるのが楽しいです」。左）市販の冷凍食品はなし。調理で余った食品も長く冷凍せず、早めにいただきます。

正面３段目は、作ったものを一時的に置いておくスペースとして広く空けておきます。ワンタッチで取り出せない一番下のチルドケースはからっぽ。

玄関

庭の花を活けて、家族をお出迎え

玄関を入って最初に目が行く場所に花器を置き、庭に咲く季節の花を摘んで活けて楽しんでいます。湿気がこもりやすい玄関は、靴や宅配便が置きっぱなしにならないよう「すぐしまう」を意識して。

「なんとなく履いていない靴」は買い物の失敗を潔く認め、タンスの肥やしになる前に断捨離。

階段の途中にある「ゴッホのひまわり」はジグソーパズル。好きな「絵」は手元に置いて愛でます。

階段板は改築前の家の廃材を再利用したもの。古材ならではの味わいを足裏に感じて。

風呂、トイレ、洗面所

ストックは置かず、手入れのしやすさ第一

「水回り」は極力モノを少なく、手入れをしやすく。洗剤やシャンプー類は気に入っている銘柄のモノだけ購入しています。使いきる前に次のモノを買うサイクルで、ストックは最低限に。モノがないからこそ、「癒やし空間」としての演出も可能になります。

ここはいちばんのくつろぎスペースであり、展示スペース。「見るたびにやけてしまいます」と星川さん。

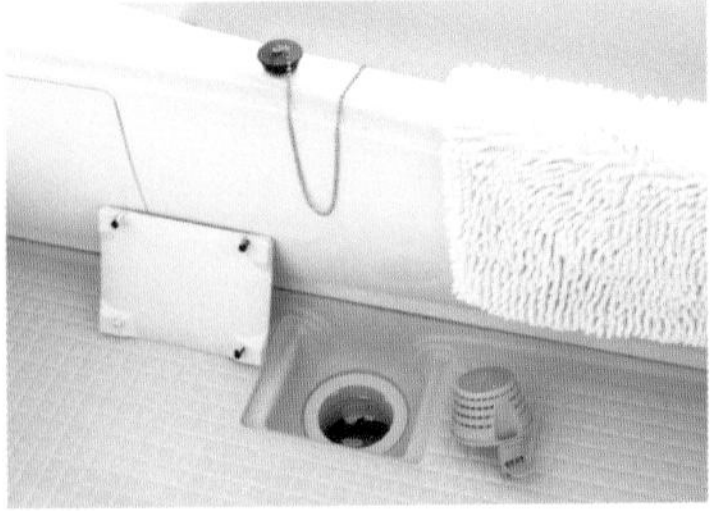

入浴後は、排水溝のフタもくずとりも外して「見える化」。毎日のお手入れ習慣でカビ・ヌメリ・ニオイ知らずです。

before 洗面台鏡の中

使い終えたモノ、使わずじまいのモノまでが並びがちだったかつての「鏡の中」。

手の届きやすい下段と中段の棚のみを使用。ボトル1本1本のパッケージが見えるよう「間」を意識しディスプレイ。

断捨離が運んできた2つの「運命の出会い」

断捨離を始めて、星川さんには2つの出会いがありました。1つは茶道との出会い。

「母の茶道具を処分するにもお茶の知識が必要だと思って習い始めたらハマってしまったんです。茶道講師の免状もとり、殺伐としていた人生が豊かになりました」

もう1つの出会いは、伴侶と

茶室

離れの茶室で一服をいただく

母の物置き場と化し、取り壊す予定だった茶室。茶道を学ぶ中で、講師の免状もとり、茶室のリフォームにも踏み切った星川さんは今、母と同じ茶道の道を歩んでいることに自身が驚いているとのこと。茶道と断捨離の共通した美学に感銘を受け続けています。

たびたびここで催されるお茶会に遠くからも人が集まってきます。

庭の一角に建つ離れの茶室。シロアリ被害により200万円かけてリフォームしました。

真ん中に炉が切られた、天井の低い4畳半の茶室。窓を開けると虫の声とさわやかな風が通り抜けます。窓の下方には庭から直接お客さまを迎え入れる「にじり口」。

茶道の基本的な道具。薄茶の入ったなつめは湖舟。お茶碗は田原陶兵衛の萩焼。

一つひとつの箱には母の手書きのメモが。茶器の種類、購入年月日、値段が記されています。

茶室の横にある控室。リフォームの際に取りつけた天井までの棚には、星川さんが選び抜いていった茶道具の入った箱が美しく並んでいます。

before 茶室棚

棚にぎっしりに詰め込まれ、床にもあふれ出した茶道具。「熱中症になりながら、かなり数を減らしました」と星川さん。

最小限のモノが置かれたシンプルな水屋スペース。ここで道具を清め、お茶の準備をします。

の出会い。「二度離婚して、結婚はもうこりごりだったのですが……」と笑う星川さんですが、幼馴染の夫と再会し、トントン話が進みました。というのも夫は小学2年生の時、同級生の星川さんに〝プロポーズ〟をした運命の人。50年の時を経て、ついに2人は一緒になったのです。

夫と同居を始めると、ほどなくして母の特別養護老人ホームの入居が決まります。長男は進むべき道をみつけて独立し、次男は大学へ。あっという間に皆、「収まるべきところに収まった」のです。「住まいが片づいていなければ、この結婚はなかった」と語る星川さんは断捨離の不思議な力を感じています。

Technique

やましたひでこさんが
解説

〝出会い〟を手に入れた住まいの断捨離成功テクニック

「いつでも人を招ける家」を作ったことで、出会いを手に入れた星川さん。その〝象徴空間〟をやましたさんはどう見ているのでしょうか。

ソファを手放せたら断捨離上級者

「ソファと婚礼箪笥を手放せる人は、断捨離上級者。この2つは今の暮らしに適さない、不要・不適・不快なモノになっています。立派なモノだからとか、親が揃えてくれたからと言って捨てられないけど、絶対に邪魔。そこを見極め、見切れるかが大事です」

こんなワザも！

- ●ソファの代わりに1人掛けのゆったりチェアを
- ●ソファテーブルを置く・置かないも「自分軸」で
- ●親からいただいたから……のモノを断捨離しよう

始末のいいゴミ出しは捨てるときも美しく

木のケースにポリ袋をかけたゴミ箱はパントリーに。「始末のいいゴミ出しとは、捨てる時も美しく、を実践されていますね。後始末をきちんとすることは、物事の始末のいい人になることでもあります」

こんなワザも！

- ●キッチンはすべてペーパーで拭けば、後始末がカンタン
- ●スポンジは小さくカットして早いサイクルで回す
- ●ゴミ箱の汚れに注意。汚れたら捨てられる「紙袋」もオススメ

「出す」は生きる基本 そのつど掃除で通りをよく

「断捨離とは出すこと。入ってきたら出ていくのが世の中の常。『出口が詰まったらどうする？ 出す場所が詰まっていていいことはない！』と叫んでいるので、皆さんちゃんとされていますね。私（やました）も排水口を開けています。基本はそのつど掃除です」

こんなワザも！

- ●排水口のフタだけでなく、くず取りも外して「見える化」
- ●「そのつど掃除」なら強力な薬剤いらず。サッと汚れが落ちる
- ●見えない場所を磨くと心はスッキリ。見える場所はより美しく

出会いと断捨離の不思議な関係

住まいに招き入れることは、自分の心に招き入れること

家がモノで埋まった閉鎖空間になっていたら？　誰も呼びたくないし、誰も訪れたくないでしょう。そこに出会いが生まれるわけがありません。自分の領域に招き入れる、住まいに招き入れることは、自分の心に招き入れることです。「断捨離していなかったら結婚はなかった」というのは、まさしく心の扉が開いたということ。

そして招き入れるためには、ちゃんと「出す」ことが肝心。空間も身体も同じ。呼吸も吐き出すから吸うことができるのです。言葉を出す、気持ちを出す、本音を出す……出すからこそ、オープンマインドになれる。人生はよみがえり、幸運が巡ってくるのです。

子どもが巣立ったら「開かずの間」にせずちゃんと活用する

「もともと息子さんの部屋を自分の空間として活用しているのは素晴らしいですね。ほとんどの家は子どもが出ていった後、子どもの置いていったモノ、自分たちのいらないモノを押し込み、開かずの部屋にしてしまいます」

こんなワザも！

- 書斎机の上は「今、使っているモノ」だけに
- 思考空間はモノ・色・形の「雑音」を少なく
- 長時間座っていられる「いい椅子」を選ぶ

単なるモノの片づけじゃありません

お茶は断捨離。これぞの道具で詫び寂び空間づくり

「お茶の先生で家はぐちゃぐちゃという人はじつは多い。道具を手に入れたくなるんですね。道具に思い入れはあっても空間には目が行かないんです。お茶は断捨離。ぜひ詫び寂び空間を作ってください」

こんなワザも！

- 「購入時の箱から取り出す」ルールは適応せず
- 箱は取り出しやすく、しまいやすく、美しく
- 空間を「1つの絵」として眺めてみよう

実例

〝出会い〟が手に入る玄関の断捨離

一生の趣味となる茶道と最愛のパートナーとの出会いを手に入れた星川さん。
その秘密は「ウェルカムな玄関」にも垣間見ることができます。

星川テルヨさん宅の玄関

「ようこそ」「ただいま」の空間を美しく

玄関から人は入ってきます。それは玄関から運気が入ってくるということ。ならば玄関はウェルカムな空間でなければなりません。お客さまを「ようこそ、いらっしゃい」と出迎える空間であり、自分と家族にとっては「ただいま」「おかえりなさい」の空間です。

ところが、たいていは靴であふれ、宅配の荷物や私物が散らかっている。そんな玄関では疫病神・貧乏神が自分の家と勘違いして入ってくるかもしれません。あなたの家に招きたいのは誰ですか？

扉を開けたら広がる無垢材のあたたかみ

星川さん宅のウェルカムな玄関は、むき出しになった無垢材の床や天井が印象的。空間に広がる木の香りとあたたかみが、初めて訪れた人にもわが家のように心を和ませてくれます。

「放置されたモノ」は1つもありません

大空間であるにもかかわらず、靴や玄関マット、傘立て、スリッパなどのモノは一切ありません。ここにあるのは「放置されたモノ」でなく、「来る人を歓迎してくれるモノ」だけです。

1つだから引き立つ床の間のアート

「断捨離は茶道」を体現したような、床の間に見立てた一角。庭の花を活けて、来る人を出迎えます。周りに邪魔するモノがない1つの花器、1枚の絵が空間で引き立ちます。

やましたひでこさん宅の玄関

ハッと息をのむ
ウェルカムアート

外から内へ、内から外へ。やんわりと空間をつなぐ大切な場である玄関。大きなスペースに負けず劣らずの、ダイナミックなサイズと絵柄のウェルカムアートに圧倒されます。

はらりと敷いた
遊牧民の玄関マット

そこは三和土か、居室か――。段差のない床には大ぶりの玄関マットが。勇ましい動物が描かれた、遊牧民・カシュガイ族のじゅうたんです。清潔第一、手入れを欠かしません。

姿が映りこむほど
ピカピカに磨き上げる

ある人に「金庫の扉」と称された真っ黒でいかにも頑丈そうな玄関。頻繁にお客さまが出入りするため、人の姿が映りこむほどにピカピカに磨き上げています。

本書に登場した方たちの 玄関実例集

高橋ひとみさん宅の玄関

床の間に見立てた絵と花を楽しむ

1日1回は靴底をアルコールペーパーで拭き、三和土や靴箱も清潔をキープします。

佐藤ひとみさん宅の玄関

玄関を開けたらホッとできるわが家

靴箱の上に家族の写真や花を飾り、「帰ったらホッとできる家」を目指しています。

義永直巳さん宅の玄関

窓枠が絵になる明るい空間

窓枠を額縁にするようにして飾られた小物がお客さまと主人を出迎えます。

中場美都子さん宅の玄関

猫の砂遊びに負けずキレイをキープ

玄関の三和土が愛猫トイレの定位置となったため、朝晩の掃き掃除が習慣に。

丸山ゆりさん宅の玄関

清潔第一でよい気を巡らせる

シュークローゼットの中、傘立ての中も定期的に掃除し、よい「気」を充満させます。

廣田由紀子さん宅の玄関

こまめ掃除でウェルカム空間に

バイクが数台置かれたガレージが玄関に隣接するため、「こまめ掃除」で清潔な空間に。

第4章

運を
手に入れた住まい

「断捨離宣言」をしたとたん、お金も時間も一気に巡り出した

45歳で高齢出産をした佐藤ひとみさん。元気なわが子にほんろうされ、得意な家事もままならず。そんな八方塞がりの時期、「断捨離トレーナーになる！」と宣言すると、人生が好転し始めます。

佐藤ひとみさん
断捨離歴6年

50代。愛知県豊田市在住。夫と娘との3人暮らし。「現在、負のスパイラルに陥っているあなたも断捨離でなりたい自分になりましょう！」

「楽天家なので、自分は運がいいと思っていたんです」と弾けるような笑顔で語る佐藤さん。若い頃から家事は得意で、家政婦をしていた時期もあります。

佐藤さんは42歳で結婚し、45歳で高齢出産。3度の流産を経験したものの、無事母になれたことに「自分は強運の持ち主」と信じていました。ところが、いざ子育てが始まると、暮らしは一変します。「想像以上にパワフルな娘に振り回されて、得意だと思っていた家事も立ち行かなくなりました。つねに睡眠不足、つねにヘトヘト。そのストレスを目の前の娘にぶつけてしまい、もはや虐待寸前……。

リビング＆ダイニング

子どもがすくすく育つ安全安心の空間

明るい気分でいられるよう、明るい部屋づくりを心がけています。花や緑を置いて彩りを添え、調光タイプのライトは「出し惜しみ」せずに照らして。「おてんば娘」が帰宅するとつねに床がジャリジャリするため、毎日の掃除機がけは欠かしません。飛んだり跳ねたりしてもケガをしないよう障害物を取り除き、安全第一に。

年齢や恥じらいの「制限」が外れ娘と一緒にバク転教室へ

ソファの前に敷いたカーペットは娘のマット運動スペース。ベッドのごとく大きなソファでごろんとするのも家族の団らんタイム。

高齢の新米ママとして劣等感と罪悪感でいっぱいでした」

断捨離と出会ったのは、そんな八方塞がりの時期。ネットで目にした、「モノが少なければ、がんばって片づけなくても片づいていく」というキャッチコピーに惹きつけられます。断捨離ユーチューブ動画を繰り返し見て、断捨離塾に入塾。送られてきた動画「お財布の断捨離」に従ってレシートを捨てたのが、断捨離のファーストステップでした。

明るいガラスのダイニングテーブルは、指定席を設けず、座る場所は臨機応変に。テーブルの位置も時々移動し、空間や関係を「固定」させません。

キッチン

日々使いながら自分仕様にしていく

マンションを購入した際にキッチンを全面リフォーム。シンクの高さなどすべて思いどおりとはいかなかったものの、キッチンに立ちながら断捨離を積み重ねていくうちに「佐藤さん仕様」に整えていきました。その日の汚れは、なるべくその日のうちにリセット。手入れをしやすいよう「モノは少なめ」をキープしています。

上）家族3人暮らしにちょうどよい数の箸とカトラリー。右）引き出し2つ分が食品庫。ストックは少なめに。中）お掃除グッズもキッチンの名脇役。シンク下の大きな引き出しで待機。左）高めのシンクでは使いづらいからと大きく重い鍋は断捨離。中以下のステンレス鍋がメイン。もっとも活躍するのは圧力鍋。

インテリアにすっきりなじむゴミ箱は、1人暮らし時代から使っていたモノ。ピッタリ閉じるためニオイ漏れもなし。燃やすゴミ、プラゴミに分別しています。

パン焼き器を炊飯器へ、レンジとスチームオーブンを一体型へ検討中。場所をとるキッチン家電は、つねに必要性を問いかけています。シンクは毎日磨きます。

「3つの味方」を得て断捨離トレーナーへ

その頃、出産を機に退職していた佐藤さんは、失業保険の受給申請でハローワークを訪れます。そこで意を決して、「断捨離トレーナーになるために勉強します！」と宣言。すると、佐藤さんの望む方向へ一気に動き出したのです。

「まず失業保険の受給が決まり、次に勉強時間の確保のために娘をあずかってくれる幼稚園もとんとん拍子に決まったんです。さらに夫も協力を申し出てくれました」

まさに、お金と時間と人という強い味方を手に入れたのです。

とはいえ、子育てしながらの断捨離&勉強はラクな道ではありません。5分おきに中断されたり、イヤホンで「耳だけ勉強」をしたり。こうした努力が実り、2度目の受験で合格しました。

くじけそうな心を鼓舞したのは、やましたさんがたびたび引用する「コミットメント献身」。これは哲学者ゲーテの言葉で、「1つ行動すると決めたら、見えない力が働いてそちらに流れだす」という佐藤さんにぴったりの内容です。

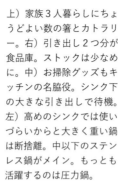

食器はすりガラス扉のうっすらと「見える収納」に収まります。茶道のお茶碗やワイングラスもすべて日常づかい。高所は前後で重ねず、棚の手前部分に置いて、取り出しやすく、しまいやすく、なおかつ美しく。

before キッチン

部屋一面にあふれるモノの向こう側にちらと見えるのが、余裕ゼロだった時期のキッチン。モノあふれがさらに余裕を奪う悪循環。

キッチンカウンター上にはリモコン一式と、その右側には花かグリーンを置く。家族の顔がよく見える気持ちのよいコミュニケーションの空間です。

冷蔵庫

「雑音」のない気持ちいい空間

娘が生まれた頃、3人家族に備えて購入した冷蔵庫。容量はたっぷりでも、ゆったり置くことを意識して。手の届きにくい棚の上段奥は使いません。調味料ボトルのパッケージは外して「雑音」を少なく。

空間はあればあるほど気持ちいい——。毎日買い物に行くため、食品ストックは最小限にとどめて。作った食事を保管しておく容器も把握できる数だけ。

右）ここは野菜室ならぬ「お酒の部屋」。新鮮な野菜は買ってきて、早めに使いきります。左）「お菓子を置いておくと全部食べちゃうので置かない」主義ですが、猛暑の夏にはアイスが欠かせません。

玄関

玄関を開けたら ホッとできるわが家

コンパクトな玄関のため、三和土にも廊下にも「一切モノを置かない」主義。今日履いた靴、使った傘も手入れをしたら棚にしまいます。いっぽうで、靴箱の上には家族の写真や花を飾り、あたたかみのある空間を演出。「帰ったときにホッとできる家」を目指しています。

右）１日のホコリが溜まってもモノが何もないから手入れが簡単。上）家族３人でこの靴の量！ 履きたい靴だけ手入れをしながら履き、履ききったら捨てる、を実践。下）猛暑の中の登校は小学生も日傘が必須。

風呂、洗面所

汚れやすいからこそ毎日こまめに掃除

排水口と換気扇の「機能不全」が気になり、リフォーム。髪の毛や水はねでとくに汚れやすい場所であるため、毎日必ず掃除をして清潔第一に。

浴室の床には何も置かず、シャンプーやボディーソープを各自持ち込む「銭湯方式」をとっています。

ストックは持たず、なくなる直前に必要な分だけ購入。毎日掃除をするため、ゴシゴシたわしや強力洗剤を持たずに済みます。

佐藤さん自身がピンと背筋を伸ばすように、毎日シャワーヘッドを「胸を張らせて」整えます。鏡、カランも毎日ピカピカにすることで、バスタイムを心地よく。

気づけば子どもにやさしくなっていた

佐藤さんが断捨離への理解を深めるなかで２０２１年、築30年のマンションを購入します。一度目のリフォーム後、若い頃から希望していた母との同居も実現。

右）鏡の中の収納は、左右・上下に余裕を持たせたディスプレイを。左）引き出し収納は思いのほかホコリが溜まりやすいため、モノをカゴにまとめて手入れしやすく。

「残念ながら同居3日目にして母は他界してしまったのですが、ほんの少しでも親孝行できたことに満足しています」

　その後、二度目のリフォームを果たし、現在の住まいに。

「不謹慎かもしれませんが、母が残してくれた少しの遺産でお風呂と洗面所のリフォームも叶い、お気に入りの空間になっています」

　断捨離のプロセスで佐藤さんが改めて気づいたのは、子どもにやさしくなったこと。

「断捨離に集中してばかりでごめんね、という思いもあったのだと思います。いつしか怒鳴ることも激減していました」

　モノが少ない空間を手に入れたこと、佐藤さん自身、やりたいことに制限をかけない思考にシフトしたことで、娘のおてんば度はさらにパワーアップ。その娘に背中を押され、現在、親子一緒にバク転教室に通っています。

押入れは詰め込む場所でなく、使うモノを置く場所。自身の体験をもとに語るカルチャーセンターの断捨離講座でも、このスッキリした押し入れは生徒さんに驚かれるポイント。

和室

何も置かないから寝室にも遊び場にも

リビング続きの和室が家族の寝室。ふとんを敷いて川の字で寝ています。安全安心に眠るため、落下や転倒の危険のあるモノは一切なし。何もないからふとんの上げ下ろしもラクラク。

　コード付き掃除機を使用しても、毎日の掃除のフットワークは軽く。昼間は佐藤さんのヨガスペースになります。

before 和室

ふとんの横にあふれた洋服。安全面・清潔面でも懸念の多いかつての和室。

書棚

扉の中にあるミニ書斎空間

リビングの一角の扉を開けると、ミニチュアの書斎が隠れていました。カレンダーやペン立て、記念の野球ボールも飾ってあり、まるで1つの部屋のよう。

　書棚の上段には単行本や雑誌が、下段には断捨離トレーナー関連の資料が。収納スペースが限られているため、書籍・書類の断捨離が進みます。

家の中心に位置するため、掃除機やワイパーもここで待機。扉を閉めると、何事もなかったように隠れてしまう興味深い空間です。

Technique

やましたひでこさんが
解説

〝運〟を手に入れた住まいの断捨離成功テクニック

断捨離すればするほど、運が巡って来るのを感じている佐藤さん。その〝象徴空間〟をやましたさんはどう見ているのでしょうか。

ハラハラと収まる「ひでこ方式」の引き出し

引き出しにハラハラと置かれた箸とカトラリー。「この引き出しは、私が『新片づけ術 断捨離』で写真を出して、皆さん感銘を受けたと言ってくれました。『ひでこ方式』と呼ばれて、私より有名だったくらい。仕切りはなく、俯瞰的に収めていきます」

こんなワザも！

- ポイントは、引き出しを開けたらワンタッチで取り出せること
- 箸もカトラリーも家族の数（プラス1まで）で十分
- 来客時、器もカトラリーも「みんなお揃い」でなくていい

扉の中に収める時も左右にたっぷり余白を

「大概こういう棚は右か左に寄せてしまうけど、ちゃんと真ん中に置いています。例えば、1枚の写真をフレームに収めるとしたら隅っこに寄せないですからね。代わりにちゃんと余白があるのがいいですね」

こんなワザも！

- 扉を開けた時、「わあ！」と感動があるようにモノを置く
- 家の中にアートを作る感覚で。絵を飾らずともアートは作れる
- 本はムリに手放そうとしなくてもいい。自分自身と対話して

カウンターの「お役目」はモノを置くことじゃない

「キッチンカウンターの〝お役目〟はモノを置くことじゃありません。配膳というお役目がある。断捨離の鉄則は、床やテーブルやカウンターなどの水平面にモノを置かないこと。それは余白をつくるということ。そこから余力、余裕が生まれるのです」

こんなワザも！

- 水平面にモノを置かない。それぞれの空間には「お役目」がある
- カウンターにモノがあると、さらに置きたくなるので注意
- 迷子になりやすいリモコンは指定席を作ってそこに戻す

難易度が高いプラスチックケース。どう断捨離する？

「とてもキレイだけど、プラスチックケースを1段下げたらベスト。これは難易度高。収納にハマると最初にこのケースを買いますね。私も捨てるのに時間がかかって20個くらい捨てました。最後の1個を捨てたのは5～6年前！」

「潔い私」を目指していきます

こんなワザも！

- 美しいハンガーで揃えると、見栄えもよくなる
- ハンガーに「間」を持たせ、洋服を「総量規制」する
- バッグは1つ1つが映えるように置く

洗濯機まわりにタワーのような要塞を作らない

「佐藤さんは洗濯カゴをオシャレにしていますね。洗濯機の前に要塞のようなタワーを作っている人が多いですから。洗濯機のフタがかろうじて開くという人も。洗濯物が山積みになる空間ですから、ちょっと俯瞰してみて」

こんなワザも！

- 家族や生活スタイルに合わせた洗濯カゴを模索する
- 洗濯カゴ自体を断捨離し、頻繁に洗濯機を回す人も
- 洗濯機まわりだけでなく、洗面所全体を俯瞰して見よう

運と断捨離の不思議な関係

キレイになってうれしい！ その気持ちが運を巡らす

「トイレを磨けば金運が上がる」という通説がありますが、やましたさんはそれに懐疑的です。というのも、運を上げるためにトイレを磨くことは、そこに計らいがあるから。「私には金運がない」とう意識を、行動をもって強化していることでもあるから。

空間を美しくするのは無心ですべきで、「キレイになった！うれしい！」と思う、その気持ちが運を巡らせるのです。つまり運は引き寄せるものでなく、ふり返ってみたら「恵まれていたな」と思うもの。シンプルにトイレが清潔でキレイだったら気持ちいい。反対に、トイレが不潔だったらおぞましい。どちらのトイレに運が巡ってくると思いますか？

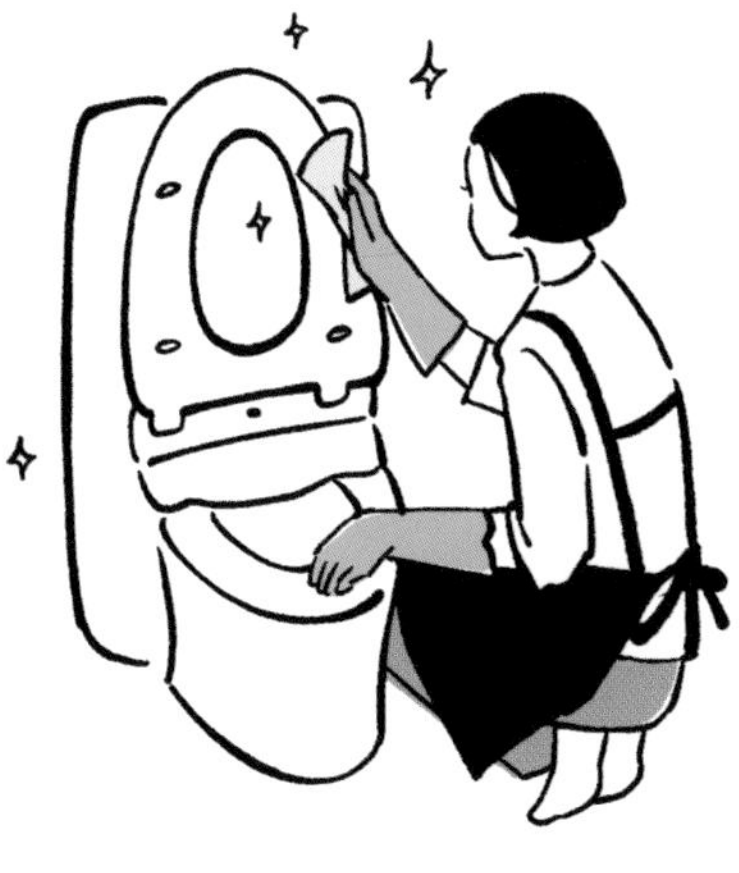

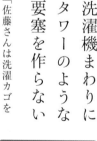

実例

〝運〟が手に入るトイレの断捨離

トイレは「出す」という命の営みの場。そして、家族と自分のもてなしの場。
佐藤さん宅のトイレから、運を巡らせる秘訣を探ります。

佐藤ひとみさん宅のトイレ

汚いモノはナシ トイレを「ハレの世界」に

「どうぞお使いください」と清潔なトイレを提供することは、食事を提供するのと同じく、最高のもてなし。排泄する、出すという命の営みができなかったら、私たちは生きていけないのです。

そのトイレにはブラシもマットもスリッパもありません。キレイに保つのが難しく、見苦しいモノは置かない。空間に汚いモノがあるという意識がトイレを「日常＝ケ」の世界にとどめてしまう理由です。ここを快適空間、清潔空間にし、トイレを「ハレの世界」にしましょう。

癒やしの空間にはストックも置かない

リフォームの際に吊り戸棚を外し、圧迫感をなくしました。かつてそこに置いていたトイレットペーパーストックは押し入れで保管。壁には明るい色合いの絵を飾って、癒やしの空間を演出。

何もない床はお掃除したくなる

コンパクトなスペースの床には何も置きません。毎回必ず汚れ、かつ手入れしづらいスリッパ、マット、トイレブラシも一切なし。だから掃除がカンタン、いつも掃除したくなります。

除菌ペーパーで死角も磨き上げる

便座には死角がいっぱい。こんなに汚れやすい場所にカバーをかけるのはもってのほか。トイレ掃除ペーパーで、便器の外側からちょっとした隙間までくるくると磨き上げます。

やましたひでこさん宅のトイレ

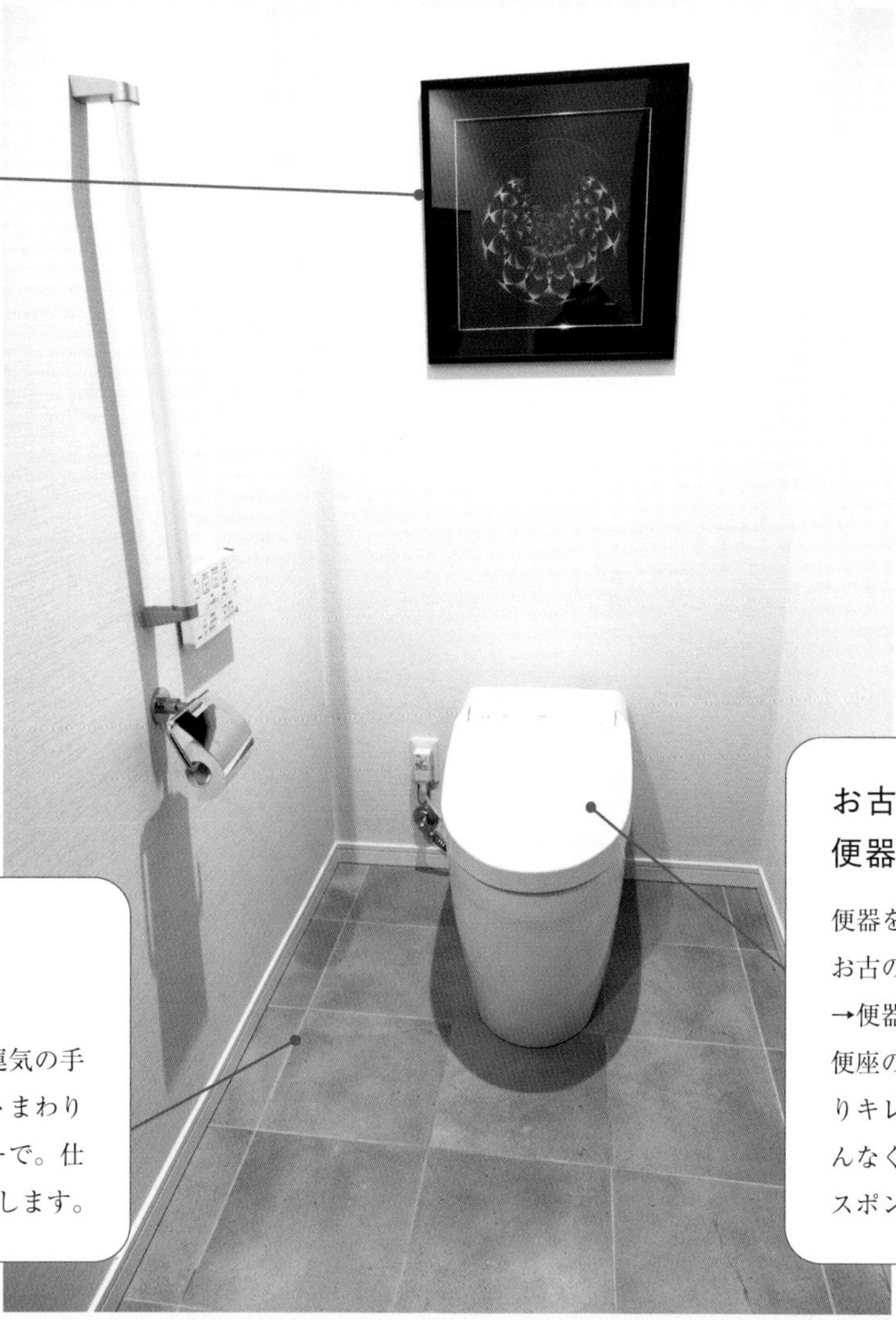

ミントの香りを漂わせ五感でもてなす

トイレはもてなしの空間。美しいトイレでお客さまだけでなく、自分をもてなします。チャクラの絵を飾ったり、アロマスプレーでミントの香りを漂わせたり、五感で愉しんでいます。

手をしっかり伸ばして隅っこまで磨く

モノの手入れ、空間の手入れはすべて運気の手入れ。ホコリがたまりがちなコンセントまわりや水道のパイプも忘れずに除菌ペーパーで。仕上げは床。隅っこまでしっかり手を伸ばします。

お古のスポンジで便器もピカピカ

便器を磨くときはキッチンのお古のスポンジを活用。便座→便器のフタ→便器の外側→便座の裏側→便器の中、つまりキレイ→汚いの順でまんべんなく磨きます。使い終えたスポンジはそのつど処分。

本書に登場した方たちの トイレ実例集

丸山ゆりさん宅のトイレ

「洗えるスリッパ」でキレイを保つ

トイレマットや便座カバーは外し、洗えるスリッパとタオルは使う。自分軸を大切に。

中場美都子さん宅のトイレ

家族にとってリラックスの場所

トイレやお風呂は断捨離を押しつけず、家族にとってのリラックスの場を意識して。

義永直巳さん宅のトイレ

ウォシュレットも外して隅々掃除

毎日掃除し、清潔に保ちます。週1回はウォシュレットを外して隅々まで掃除。

星川テルヨさん宅のトイレ

展示スペースでありくつろぎスペース

キレイにするとつい顔がほころんでしまう、星川さんのお気に入りスペースです。

高橋ひとみさん宅のトイレ

家族それぞれのスタイルを尊重

基本はそのつど掃除。でも家族には強要しない。各自のスタイルをトイレでも尊重。

廣田由紀子さん宅のトイレ

お掃除グッズはオシャレなカゴに

床に何もないから、そのつど掃除がカンタン。お掃除グッズは大好きなカゴに収めて。

第5章

未来を手に入れた住まい

「思い込み」を外していったら暮らしも家事もごきげんに

「家事は完璧にやらねば」「使えるモノはとっておかねば」……たくさんの「ねば」に縛られ、苦しめられていた中場美都子さん。断捨離はそれを1つひとつ外していく作業でした。

中場美都子さん

断捨離歴12年

60代。神奈川県茅ケ崎市在住。息子と愛猫との暮らし。全国に9人の断捨離チーフトレーナーとして、これまで1250人以上に断捨離指南。

1日3食ならぬ、1日10食もの食事を提供――これは断捨離と出会う前の中場さんの日常です。

「夫と2人の子の帰宅時間に合わせて、あたたかい食事を出すのが主婦の仕事と思っていました」

そんな折、中場さんは心臓に不調を感じ、病院へ駆け込みます。急性の心臓疾患と診断され、突然の安静生活へ。

「実家の母の手伝いもあり、家事も最小限になりました。何もできないストレスからネットショッピングにのめり込み、購入したモノがずんずん蓄積していって、またイライラ……。家を片づけられないダメ主婦という思いが強くなっ

リビング＆ダイニング

ダイニングチェアは孫にも好評のソファ

食後、ほろ酔いの夫がウトウトし、転げ落ちそうになっていたため、ダイニングチェアをソファタイプにしました。この「一体型にするアイデア」は断捨離で脳トレしていたからこそ実現できたこと。大人数にも対応でき、孫にも好評。

高さ調節のできるテーブルは、食事タイムは高めに、くつろぎタイムは低めに。

座り心地を求めて出会ったのが、ポルシェの日本人デザイナーによるソファ。「汚れやすいかも」とためらったアイボリー色も「明るい空間にしたい」という希望を優先しました。

汚れの心配より居心地のよさ白を基調にしたインテリア

お気に入りのコーナー出窓は、重さを感じるカーテンが一切なし。ミナペルホネン製の10センチ幅の白いマスキングテープで、密度を変えながら目隠ししています。

ていきました」

断捨離と出会ったのは、そんな時期。心理療法家・川畑のぶこさんのブログがきっかけです。

「断捨離の〝教え〟に従って試しにモノを捨ててみると、たしかに心はスッキリしました。ただ、捨てた分、買ってもいいんだ！　という気になって、あっという間にリバウンド。気づいたら世の中がグレーの無彩色になっていたんです」

モノで空間が閉ざされていくうち、中場さんの感性も閉ざされてしまったのです。

キッチン

思い出のある食器をどう断捨離する？

食器棚を断捨離し、器はすべてキッチンの引き出しに。大量の断捨離に取り組む中で、苦労したのが「思い出の食器の断捨離」。

やましたさんに相談すると、「それでもごめんね、楽しませてもらったとお別れするしかない」との答え。心を決め、自分が使いたい食器、気持ちよく使える食器に絞り込んでいきました。

「お金は気持ちよく使おう」というやましたさんに背中を押され、壁を抜いてオープン型にリフォームしたキッチン。

ここは大皿コーナー。青が美しいバリのジェンガラやユニークなデザインのミナペルホネンなど、お気に入りの食器が４枚。

before キッチン

こちら断捨離前のキッチン。モノと向き合う中で、「人は飽きるもの。買ったときと今の自分は違う」と気づきました。

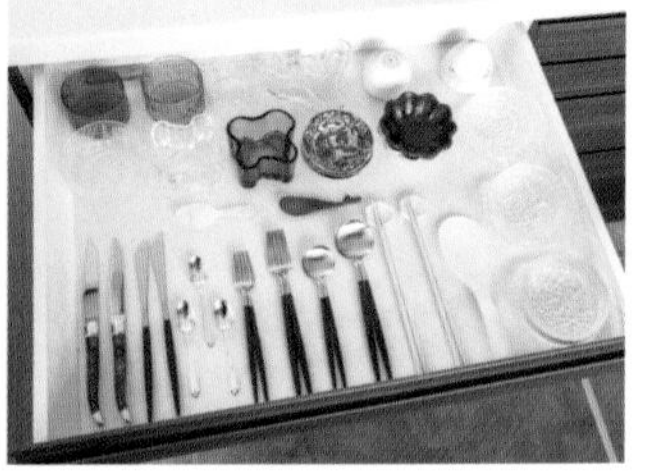

右）器もカトラリーも「全員おそろいでなくていい」と受け入れて。数が少ないと「すぐ洗う」が習慣に。銀のスプーンは息子の手でピカピカに。中）ここはお気に入りのコーヒーカップやお茶碗のコーナー。左）リヒトで購入した古伊万里のアンティークの器。

「捨ててはいけない」の呪縛が解けて

そんな時、ネットで目にしたのが断捨離セミナー。思いきってやましたさんに会いに行くと、その言葉にうれしい衝撃を受けます。「いつか使えるの〝いつか〟は来ない」「使えるけれど使わないモノは捨てていい」——。

足どり軽く帰途につくや、どんどん捨てていきました。モノが減るにつれ、元気になっていきます。すると、「家事をがんばらねば」も思い込みだと気づいたのです。

夫にこの話をすると、「僕はあなたに家事をやらせるために結婚したんじゃない。人生を楽しんでほしいとは言ったけど」との答え。そんなやさしい夫には、こんなエピソードもあります。中場さんが海外旅行をする際、「行っていい？」と夫に聞くと、「いいも悪いも僕に選択肢はないでしょ」。その答えはまさに天然のダンシャリアン！

その夫が２０１５年、末期がんを宣告されます。夫の最期の２週間は、選択・決断を次々と迫られる期間となりました。

before 食器棚

「入るだけ入っていた」大きな食器棚。扉の中だけでなく、外には洋服がハンガーで吊るされ、隙間には雪崩が起きそうなモノの山。

上の2枚）リフォーム時、ゴミ箱に合わせて高さ設定した引き出し。その2つ分が現在のゴミ置きスペース。缶や瓶は満杯になったら家の外へ。左）シンク下の引き出しには、朝イチの習慣「猫のエサやり」に使うごはん＆器が。ボウルやポリ袋など水回りグッズも。

冷蔵庫

「他人軸より自分軸で捨てる」ということ

賞味期限という他人軸の基準より「今、食べたいか」「食べてうれしいか」という自分軸を基準にして食品と日々向き合っています。「冷蔵庫のモノをいろいろ動かして遊んでいます」と中場さん。

before 冷蔵庫

義務感で家事をしていた時代、パズルのようにキレイに詰め込んでいた冷蔵庫。

上)「詰め込んだら忘れてしまう」のは人の性。「食べないモノはさっさと捨てます」。下）野菜・果物も買って洗って入れたら早めに消費。「干からびるまで置いておきません」。

断捨離トレーナー失格（！）のコストコショッピングも大好きという中場さん。「孫に喜んでもらいたくて」買ってきた食品は、早めのサイクルで消費します。

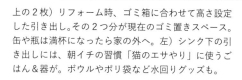

靴箱の上段が中場さんスペース、下段が息子さんスペース。棚で仕切ったら、お互いに「領海侵犯せず、口出しせず」がルール。

玄関の出窓にも花を飾ったことで、鍵や小物の「ちょい置き」がなくなりました。

玄関

花やグリーンで空間の気を上げる

あちこち試して玄関が定位置となった猫のトイレ。自動清掃タイプですが、猫の砂遊びが三和土を汚すため、朝晩の掃き掃除が習慣。

玄関はモノが「置きっぱ」になりやすいため、宅配の荷物は早いうちに移動させます。生きたエネルギーである花やグリーンをコーナーに置いて空間の「気」を上げています。

風呂、洗面所

断捨離の押しつけで家族からクレーム!?

やましたさんが実践している入浴時にせっけんを持ち込む「銭湯方式」を採用したところ、家族から「面倒だからやめてくれ」とのクレームが。自分の好みを押しつけていたことを反省し、家族がごきげんでリラックスできるバスタイムを目指しています。

右）一時期、引き出しにしまっていたタオルは、便利さを考えて棚の上へ移動。左）浴室に置くシャンプーとボディーソープは皆で使えるモノ＆数を厳選。

洗面台は「水平面にモノを置かない」を徹底。鏡の中の左は息子スペース、真ん中と右は中場さんスペース。これで量の把握もラクに。

before 洗面所

大量にモノがあるため、さらに追加しても目立たない悪循環に陥っています。

断捨離に助けられた、夫との最期の2週間

がんの治療は「どうしますか?」と逐一、医師から問われます。それまで何事も「夫に聞きます」と最終判断をゆだねてきましたが、ここに来て断捨離の選択・決断力が役立ったのです。また中場さんは初めて〝自己主張〟もしました。「病室の寝泊りは禁止されていたのですが、近くにいてほしいという夫の希望もあり、『私は帰りま

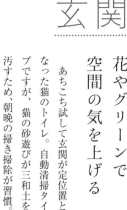

書斎

趣味の変化に合わせて手を加えていく

明るい二面採光の部屋は、書斎机に書棚、テレビ、コーヒーメーカーもそろったオールマイティー空間。気づくと一日中いることも。

もとは寝室だったため「書斎らしい壁紙」に、自らの手で張り替えor色塗りを検討中。「自分の趣味は変わるので、それに合わせて部屋を変えていくと気分も変わります」と中場さん。

窓からの光の入り具合によってフレキシブルに座る位置を変えて。椅子はリクライニングもできる背面メッシュのセイルチェア。

書斎テーブルの選定ポイントは、愛猫がくつろげる大きさと高さを調節できる機能。ズーム会議ではぐっと胸までの高さに上げ、立って会話するほうが調子が出るそう。

before 床

せっかくのお掃除ロボットも床置きのモノたちに防害されて活躍できません。それ自体がホコリをかぶって部屋の隅っこに放置されています。

before 廊下

廊下につっぱり棒を渡し、洋服をズラリと掛けるアイデアに当時は自画自賛。つっぱり棒を断捨離したら１枚の洋服も残りませんでした。

書斎テーブルの下に収まっているキャスター付きボックスには、すぐ使う文房具がスタンバイ。

「文房具も残るのは使い心地のよいモノ。かわいいモノは飽きてくる。〝かわいい〟だけで買わないと決めました」

せん。バスタオルを敷いて床に寝ます』とまで言い張ったのです。結果、病院が折れてくれました」

のちに、このエピソードを「わがままですよね?」とやましたさんに話すと、「わがままがいいのよ」ときっぱり。「わがまま＝悪と思っているのね」と指摘されたのです。

最愛の夫が旅立って3年ほどつらい時期を過ごしましたが、「キレイな家」が心の支えになったといいます。たとえ散らかっても戻すのに苦労せずに済む。多少散らかっても大丈夫と思える。かつて義務感でしていた家事も、今は楽しく家の中を動き回っています。

Technique

やましたひでこさんが
解説

〝未来〟を手に入れた住まいの断捨離成功テクニック

家と楽しくつきあうことで、つらい時期も励まされてきた中場さん。その〝象徴空間〟をやましたさんはどう見ているのでしょうか。

次の旅が楽しみになる リビングの飾り棚

イギリス旅行のお土産、ワンド（杖）などを飾るリビングの棚。「もう二度と行かれないから記念の品、思い出の品を飾っておこうではなく、こんな素敵なモノに出会ったから次はどんなモノに出会えるんだろうという雰囲気になっていて、とてもいいですね」。

こんなワザも！

- 新たな旅行をしたら、また新しいモノに入れ替える
- 棚全体を1枚の絵のようにディスプレイする
- 飾りっぱなしにせず、モノの手入れ、棚の手入れを

廊下はモノ置きじゃない！ そこは光と風の通り道

かつてつっぱり棒があった廊下はこのとおり。「つっぱり棒はアウトですね。つっぱり棒が不安定だし、ブラブラ下がっているのも不安定。そうやって自分の住まいを物置き化してしまう家の多いこと。結局、つっぱり棒を外したら洋服も必要ないことに気づくのね」。

こんなワザも！

- 廊下を狭くする「床置き」もアウト
- コート掛けは玄関近くにあると便利？ 動線よりも動きやすさを
- 廊下は風や光が通り抜ける場所。家に新陳代謝を

机の上には使っているモノだけ 終わったらゼロベースに

書斎でのリモートワークには愛猫もたびたび参加します。「大きなテーブルは書類をめいっぱい広げられていいですね。終わったら机の上をゼロに戻せば、次の行動が生まれます。たいていのお宅はずっと何かが乗っていて、動きを制限していますから」。

こんなワザも！

- お気に入りのマグカップをペン立てにして3本立てる
- ときには座る場所で気分転換。リモートワークの背景も変わる
- たまりがちな書類は、その場で見て、破って捨てる

ストックは置かず使いきる前に買いに行く方式

書斎机の脇にあるキャスター付きのボックス。文房具ストックは引き出しにあります。「文房具はアイテム数も多く、デザインも魅力的。つい買いたくなりますね。私（やました）もストックは置かず、切れる前に買いに行く方式をとっています」。

こんなワザも！

- ●引き出し1つで「一元管理」。ざっくり陣地分け
- ●ストックは数を厳選。1つか2つあれば足りる
- ●存在感を消せる透明ケースは引き出しの中で活用

共有スペースは家族のごきげんを最優先にして

壁紙のブルーがアクセントになっている空間。「キレイに保っているけれど、トイレブラシが気になるわね。確かに、家族がいると自分のやり方を通すのは難しいもの。相手の意見も受け入れ、いろいろトライしてみることが大切」。

一進一退、まだまだこれからです

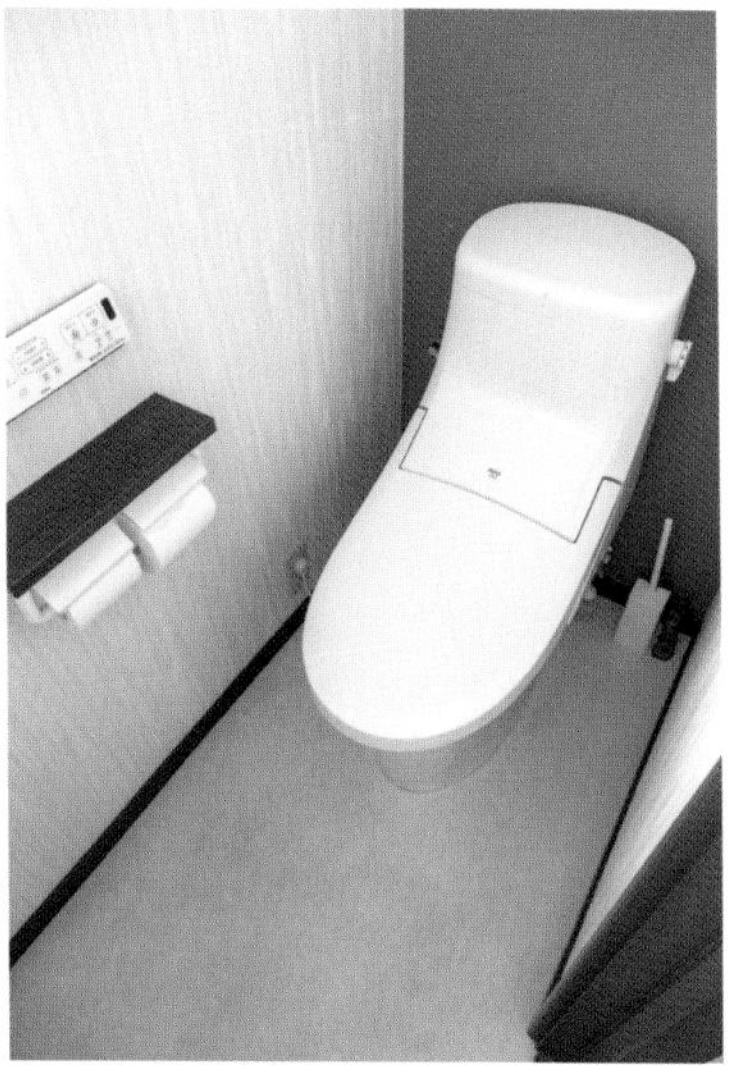

こんなワザも！

- ●壁紙を自分で張り替える楽しみも
- ●共有スペースの断捨離は、家族の意見を聞きながら
- ●トイレの「布類」を断捨離し、手入れがカンタンに

未来と断捨離の不思議な関係

過去をふり返るのも未来を思い描くのも「今」

空間が淀み荒んだ状態だと、思考も淀み荒んでしまいます。淀み荒んだ思考で過去をふり返ると、うらみつらみの過去しか思い出しません。淀み荒んだ空間で未来を思い描くと、不安な未来を想定してしまいます。つまり、過去を振り返るのも、未来を思い描くのも今。その今がすっきりさわやかな状態なら、過去も未来もすっきりさわやかに思い描けるのです。

家が詰まっていたら、行き詰まった未来しか思い描けません。いわばトンネル状態。私たちはトンネルの中にいても一筋の光を見出だしたら前に進めます。家の中が暗いトンネルだとしたら一刻も早く断捨離し、一筋の光、つまり希望を作り出しましょう。

実例

〝未来〟が手に入るリビングの断捨離

リフォームをした際、断捨離の自由自在な考え方が役立ったという中場さん。そのアイデアはリビングダイニングの随所に見ることができます。

断捨離からひらめいたくつろぎのソファ席

家のリフォームをした際、「ダイニングテーブルとソファを一体化させよう！」とひらめいた中場さん。これは断捨離で日頃から思考のトレーニングをしていたことが生かされたといいます。「夫も最初は抵抗していましたが、食後にソファでくつろいで大正解！と喜んでいました」。

「レストランでも椅子席よりも壁のソファ席のほうがなんとなく落ち着いて、その席を選びたくなりますね。明るくていいですね」とやましたさんも賞賛します。

中場美都子さん宅のリビング

テレビの前にはソファを置かずに広々空間に

テレビの前にはオットマン付きのチェアが1脚。ソファセットを置かないことで、空間が広がりました。部屋の角という角には植物が。「丸くて肉厚の葉っぱは金運が上がると聞いて置いてます」。

家具の位置は固定せず暮らしながら配置替え

モノの使いやすさ、窓からの光の入り方、壁や床の経年変化は生活しないと見えてこないもの。「日々使いながら改善点に気づいていき、家の中を快適になるように変えていっています」と中場さん。

断捨離により、心が開放され明るくて心地よいソファ席が完成

「以前、カーテンを外せないのは心の中に閉じているものがあるとやましたさんに言われて……。断捨離してオープンマインドになったので外せたのかなと思います」（中場さん）

やましたひでこさん宅のリビング

移動できるテーブルで空間をコントロール

ソファはなし。リビングの主役は一枚板をガラスの脚で支えるダイニングテーブル。ここで普段の食事も執筆も打ち合わせも飲み会も。横並びにしたり、変則型に並べたりして愉しんでいます。

水平面は、つねにゼロベースをキープできるように管理

「3つの水平面にモノを置かない」は断捨離の鉄則。床の上、テーブルの上、そして棚やカウンターの上。「使い終わったらゼロベース」を徹底すると、「次、何しよう」という意欲が湧いてきます。

床にスペースを作ることで「掃く・拭く・磨き」を徹底

やましたさん宅は脚つき家具が基本。そのメリットは「掃く・拭く・磨く」がしやすいこと。掃き掃除担当のお掃除ロボットが自由に動き回れる何もない床をキープします。拭く・磨くは自身の手で。

本書に登場した方たちの リビング実例集

高橋ひとみさん宅のリビング

会話が弾むゆったりチェア

食事も仕事も団らんもここで。再び始めた4人暮らしでいい距離感を作り出しています。

星川テルヨさん宅のリビング

愛猫もくつろぐ広々リビング

ダイナミックな梁や八角柱を使った古民家風でありながら、洋風家具が調和します。

義永直巳さん宅のリビング

見せる収納にしたら気持ちもオープンに

リビングと和室の仕切りを取り払った大空間。こだわりは扉のない「オープン収納」。

丸山ゆりさん宅のリビング

ガラスの天板が空間をより明るく

1日の多くの時間を過ごすリビングダイニングは、夜寝る前にリセットするのが日課。

佐藤ひとみさん宅のリビング

のびのび過ごせる安心安全の空間

飛んだり跳ねたりしてもOK。広い床には障害物ナシ。毎日の掃除機がけで清潔に。

廣田由紀子さん宅のリビング

好きなモノを選び手入れを楽しむ

「インテリアにセンスはいらない」と廣田さん。好きなモノを愛でながら暮らします。

第6章

絆を手に入れた住まい

今が変わると過去も変わる。痛みを越えて、新たな関係へ

きっかけは東日本大震災。家族離ればなれになり、友人家族と同居するも、決裂。「すべては関係性。一度こじれても再構築できる」と断捨離は教えてくれました。

「家族で仲良く暮らしたいのに、なぜか争ってしまう。子どもたちと一緒に笑い合いたいのに、なぜか不機嫌で怒ってばかりいる。そんな〝家族関係のバグ〟にずっと悩んでいました」と語る高橋さん。これは断捨離がもたらした家族再生の物語です。

時は2011年の東日本大震災。長女の持病への影響も心配し、高橋さんは幼い子ども2人を連れて、友人を頼って静岡へ一時避難します。やがて、同級生の子どももいる友人家族とシェアハウス暮らしをスタート。仕事のある夫は東京に残り、家族は離ればなれに。

間近で友人夫婦を見ていると、

高橋ひとみさん

断捨離歴9年

40代。東京都江戸川区在住。夫と娘と息子との4人暮らし。「断捨離で"人生はつらく苦しい修行"から卒業していきましょう！」

リビング＆ダイニング

なにげない会話が弾む団らん向きのテーブル

持ち家のマンションを売って、賃貸マンションで家族4人暮らしの再スタート。夫婦はモノを通した代理戦争を経て今、「親としての共同体」に落ち着いています。

子どもたちとはモノを通して「何が好きなのか」「何を大事にしているのか」と会話し、理解を深めています。テーブルの上はまっさらにしていつも水平面をキープ。

一度、離れた家族がもう一度ここで食事し、笑い合う

断捨離によってモノ軸から空間軸へ。家族のモノが集まりやすいリビングは、各自、「置きっぱなしにしない」ルール。食後、ゆったりしたチェアでウトウトするのが夫の至福。

高橋さんは自分たち夫婦との違いに大きなショックを受けます。

「私たち夫婦がうまくいっていないことを突きつけられたようでした。夫の意見を受け入れている範囲で仲良くしているだけだったんだと被害者意識が湧いてきて……。今まで抑えていた不満が爆発したんです」

夫にとっては寝耳に水だったものの、高橋さんからは離婚という言葉も飛び出し、まさに夫婦の危機。慣れない環境での子育て、パート先でのストレスもあいまって、子どもたちとの関係も悪化していきました。

隣の部屋の着物箪笥の上に飾っている香炉。お気に入りを1つ飾って引き立てる――高橋さんの2本柱、茶道と断捨離に共通する精神です。

キッチン

器もカトラリーも各自の「好き」で選ぶ

「キッチングッズに思い入れがあるのは私ばかりと思っていましたが、皆それぞれに好みや趣味があるんですね」と高橋さん。娘が選んだ洋食器も棚を彩ります。

水産関係の仕事をする夫は、新鮮な魚介類を持ち帰ってくることもしばしば。魚料理が多いため、排水溝のゴミ受けは大容量タイプを使用しています。

吊るし戸棚の網棚には大きなまな板が1枚。洗った食器の「ちょい置きスペース」として、普段は何も置きません。

魚をさばくためのまな板は大きめサイズ。よく磨いた出刃包丁、うろことり、骨抜きなど道具一式がそろっています。ニオイが残らないよう、水回りの手入れは念入りに。

ワイン箱にポリ袋をかけてゴミ箱として使用。「ゴミを汚いものと考えない」ため、このオープン型に。ゴミ集積所にこまめに通えるマンションの利点も生かしています。

右）上部の扉の中には、茶道の先生からいただいたお茶碗、茶筅、棗などの茶道具がズラリ。左）下の扉の中は、鍋とフライパン、包丁などの調理器具コーナー。使っているモノしか置きません。

再び東京へ家族4人の暮らし

断捨離と出会ったのは2014年、「我慢しない、離婚しない、卒婚という選択」というコピーの躍るムック本でした。離婚と言いつつ勇気の出ない高橋さんにとって「卒婚」は何やら魅力的な言葉。

折しも開催された断捨離セミナーに参加し、やましたさんに思いの丈をぶつけます。「私、離婚しようと思っているんです」。すると、「本当に離婚したいの？」と一言。「誰かに依存したい、自分の人生の責任をとりたくないという内心を見透かされたようで、その場から動けなくなりました」と高橋さん。そこから断捨離に拍車がかかります。

3年ほど経ち、ママ友との関係が悪化。すると夫が「一緒に暮らそう」と提案します。こうして再び東京で家族4人の暮らしが始まったのです。

「自立しようとしていた思いも打ち砕かれ、静岡での人間関係を壊してしまったこと、子どもを無理やり転校させてしまったことに罪悪感と絶望感でいっぱいでした」

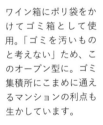

上）引き出し上段は、箸＆カトラリー、そして和のテイストコーナー。中)中段は普段づかいコーナー。「4つそろっていなくてもちゃんと回ります」。息子からのプレゼントのワイングラスも。下）食品ストックはこれで十分。保存袋や容器もここに。

やや変則型のコーナーにぴったり合った小ぶりの食器棚。全体が「美しい景色」となるよう塗りの器や茶道具を飾ります。

調味料ストックコーナー。この細長いスペースで総量規制をし、消費したら買う「そのつど方式」です。下の段は水筒コーナー。

冷蔵庫

家族の歴史をずっと見てきた〃友〃

娘が生まれた2006年に購入し、3度の引っ越しを共にしてきた冷蔵庫。もはや落ちない汚れや傷はあるものの、それがかえって愛しい存在に。キッチンに入りきらず、リビングが指定席となりました。

リビングの真ん中で家族の食を見守る冷蔵庫。毎日磨いてピカピカボディをキープ。

上）野菜や果物は透明袋に入れ、「彩り豊かにおいしそうに置く」がモットー。下）野菜室の取っ手側は、茶葉やコーヒー豆やお酒が立ち並ぶドリンクコーナー。

作り置きした食品が一目瞭然の冷蔵庫。保存容器の中が見えること、数を増やさないことを意識しているのだそう。空の容器も冷蔵庫で保管します。右の扉にはスキンケア用品も。

玄関

履いた靴はその日にアルコール拭き

靴も傘立ても玄関マットもスリッパもない空間で、白い壁に映える娘の作品と花が出迎えてくれます。1日1回は靴底をアルコールペーパーで拭き、そのつど三和土や靴箱もペーパー拭きして清潔をキープ。

傘は1人1本。穴空きや歪みのあるモノはすぐに処分し、雨の日も楽しく過ごせる工夫をします。

玄関脇の廊下にささやかな花器が置かれた一角が。息子の手がけた版画と絶妙なバランスをとっています。床の間を持たない家の見立ての遊びの1つ。

花瓶台を置くかどうか迷ったものの、あえて「床置き」で景色をつくります。内から外へ、外から内へ。忙しい日常をリセットできる空間です。

風呂、トイレ、洗面所

家も体と同じ「出口」をスムーズに

浴室の排水口のヘドロ掃除中、「家も体と同じ。玄関から買ってきたモノを取り入れ、必要な役目を果たし、いらないモノは排泄するように捨てる」と悟った高橋さん。そこからは「出口の通りをよくする」を意識し、排水口磨きに精を出しています。

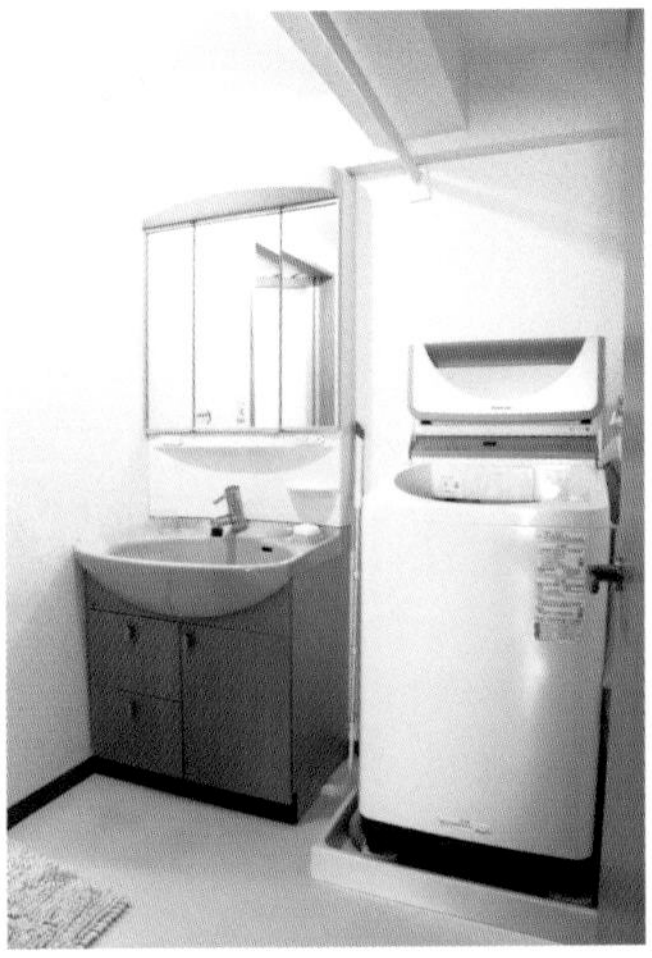

洗濯カゴを置かず、ネットに入れて即、洗濯機へ。洗濯物はためず「こまめ洗い」を心がけると、洗面所もスッキリ。

浴室の排水溝のフタは取り外したまま。「素手でさわれるか否か」が清潔度のバロメーターなのだそう。

基本はそのつど掃除、でも家族には強要しないがモットー。男性陣が座って小用を足さなくても「よし」とし、各自のスタイルを尊重することに。

自分が変わると相手との関係も変わる

心の拠り所となったのは、やはり断捨離。トレーナー認定を目指した「断捨離検定1級」の〝受験勉強〟が多くの気づきをもたらしました。

「なぜ収納スペースがないからとお気に入りのモノを捨てなきゃいけないのか、最初は納得できなかったんです。でも、お気に入りの

書斎スペース、お茶室

茶道を知るほど断捨離も深まってゆく

高橋さんが「断捨離検定1級」の筆記不合格で落ち込んでいた時期、妹に誘われて始めた茶道。70代、80代の先生方に一目惚れし、「こんなに豊かで素敵な未来があるんだ」とのめり込んでいきます。

茶道を通じて断捨離の理解が深まり、ついには速水流茶道教授の資格を取得。人生を転換するきっかけとなりました。

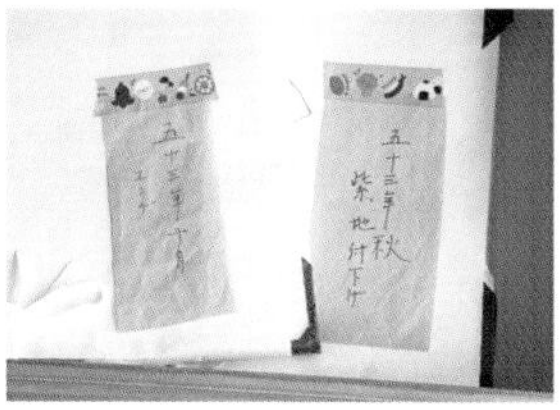

ところどころ変色した着物を包むたとう紙には先生の手書きのメモが。見るたび背筋が伸びる思い。

薄緑を敷き、屏風を立て……即席のお茶室をしつらえて。折しもコロナ禍、「何も買わずお稽古できるようにという先生方のご厚意でたくさんの茶道具を譲り受けました」。リモートお稽古をここで。

before

書斎スペース、物置部屋

上）シェアハウス時代の机まわり。モノを取捨選択する余裕を持てなかった頃。下）断捨離スタート時点で取り組んだクローゼット。気に入って溜め込んでいたブランドの服も含め、100着以上を断捨離しました。

「着物を持っていなかった私が初釜で着られるようにと、茶道の先生方が着物や帯を譲ってくださいました」。着物6枚、帯6本。

茶道具と向き合い、お手前の練習をしていると、家族への感謝が湧いてきます。「日曜日も家族を置いてお稽古に行き、泊りがけの断捨離研修にも快く出してくれる」と。

ガウンを捨てたとき、〝時間の経過と共に必要なモノは変わる〟と気づきました。もはや寒風が身に染みるシェアハウス暮らしではないのだ、と」

また相手のスペースを尊重することも学びました。「相手に変わってほしい」と願う気持ちが薄れるにつれ、夫との関係は穏やかに。子どもたちとも笑顔で話せるようになり、大切な関係は再構築できると確信しました。離婚を念頭に置いて始めた断捨離が、かえって家族の絆を取り戻してくれたのです。

そしてもう1つ。絶縁していたママ友とも再会しました。「断捨離を学びたい」という彼女の申し出を承諾し、今はオンラインで共に学び合う関係になっています。

モノがぎゅうぎゅうと詰まっている夫の机の引き出し。以前は気になって口出ししていましたが、「ゴミでもいいから自分がやる」という夫の意思を尊重して。

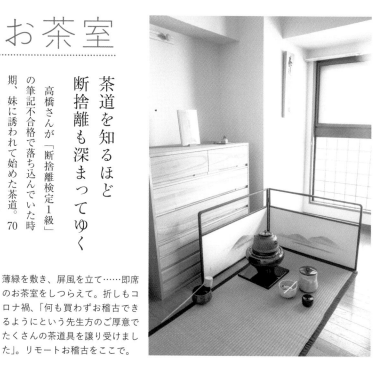

Technique

やましたひでこさんが
解説

〝絆〟を手に入れた住まいの断捨離成功テクニック

相手のスペースを尊重することで、家族関係が改善していった高橋さん。その〝象徴空間〟をやましたさんはどう見ているのでしょうか。

即席のお茶室をしつらえて 心静かに味わう

スッキリした洋室に薄縁を敷き、茶道具をセットして、お稽古が始まります。「誰も彼もお茶室を持っているわけじゃないから、こうして即席のお茶室をしつらえるのは素敵。茶道はまさに断捨離。いい出会いがありましたね」とやましたさん。

こんなワザも！

- ●好きなことに打ち込む時間と空間を確保する
- ●趣味のモノは増えていきがち。「終わったモノ」は断捨離を
- ●見立て、引き立て、味わう――茶道と断捨離は同じ

あえて床置きで飾る 見立てを楽しむ

床の間に見立て、息子の版画と花を飾った廊下の一角。「花器を床置きしたら蹴っ飛ばしてしまうのではと心配したのですが、杞憂でした」と高橋さん。「お茶の愉しみは見立て。家の中にアート空間があるとうれしいですよね」とやましたさん。

こんなワザも！

- ●「あると便利なモノ」を玄関に置かない
- ●子どもの作品を額縁で飾ることで親子共に満足
- ●デリケートなモノを置くと家族の行動が変わる

インテリアとして様になる ワインケースのゴミ箱

断捨離トレーナーそれぞれの個性が出ていたキッチンのゴミ箱。高橋さん宅は隠さない、フタのないオープン型。「ワインのケースをゴミ箱にしているのは粋ですね」とやましたさん。生ゴミは小さい袋にまとめ、それを大きい袋へ捨てればニオイもありません。

こんなワザも！

- ●戸建てかマンションか。住まい方でゴミ出しは変わる
- ●ストレスのないゴミ出しを家族で話し合う
- ●ゴミ袋は満タンにしない。始末のいいゴミ出しを

引き出しは アイテムごとに ワンタッチ取り出し

「1引き出しにつき少数アイテムが理想。ドライヤーやヘアアイロンなど同じ用途のモノでまとめているのはいいですね」とやましたさん。「排水口のフタは私も立てているけれど、（高橋さんのように）もう必要ないですね」。

こんなワザも！

- 引き出しは出しやすく、しまいやすく、美しく
- 排水口掃除はお風呂上がりに「そのつど式」
- バスマットは手入れのしやすいモノを選ぶ

鏡の中には 毎日使うモノを オブジェのように

洗面台の鏡の中。「4人家族にしてはずいぶんキレイにされています」とやましたさん。歯ブラシやヘアブラシは透明のグラスに立てて分類・管理。「間」を持たせてディスプレイしています。

「そんな私も愛しい」と思えてきました

こんなワザも！

- 共有スペースと個人のスペースを分け「領海侵犯」ナシ
- 使っていないモノを放置していないかつねにチェック
- 鏡を磨くだけでなく、鏡の中の拭き掃除も

絆と 断捨離の 不思議な関係

パーソナルスペースを侵されたくない私たち

相手の領域を不用意に侵さない——。これは人間関係でとても大切なこと。人はモノをため込むことで自分の縄張りを主張します。こんな象徴的な話があります。戦地で兵隊が雪中行軍し、宿舎に着く。過酷な中、黙々と歩いていた人たちが「寝床が5センチはみ出した」と毎晩ケンカになる。つまり私たちはパーソナルスペースを侵されるのを何より嫌うのです。

自分のモノをため込むことは、相手の領域の不法占拠。相手のモノを捨てることは、つまり略奪行為、争いのもと。自分にも大事なモノがあるように相手にも大事なモノがあるとわかってくると、壊れた絆も修復していくのです。

実例

〝絆〟が手に入る書斎スペースの断捨離

書斎机の上で、夫と「領土争い」をしていた高橋さん。断捨離が進むうち、ある大切なことに気づいたといいます。

書斎机で「領土争い」なぜ争いは終わったか？

180センチの机を夫と共有することになった高橋さん。夫のパソコンを5センチ押し出しては反撃されるのくり返し。断捨離が進むうち「まあ、いいか」とふと思い、夫のパソコンを机の中央に置くと争いは消滅したのです。「言葉より空間のほうが伝わる。相手を尊重することはその人のモノをゆったり置ける空間をつくること」と悟ったのです。

「〝どうぞ自分でお使いください〟と平和的に解決したのはすごい」とやましたさんも感心します。

高橋ひとみさん宅の書斎スペース

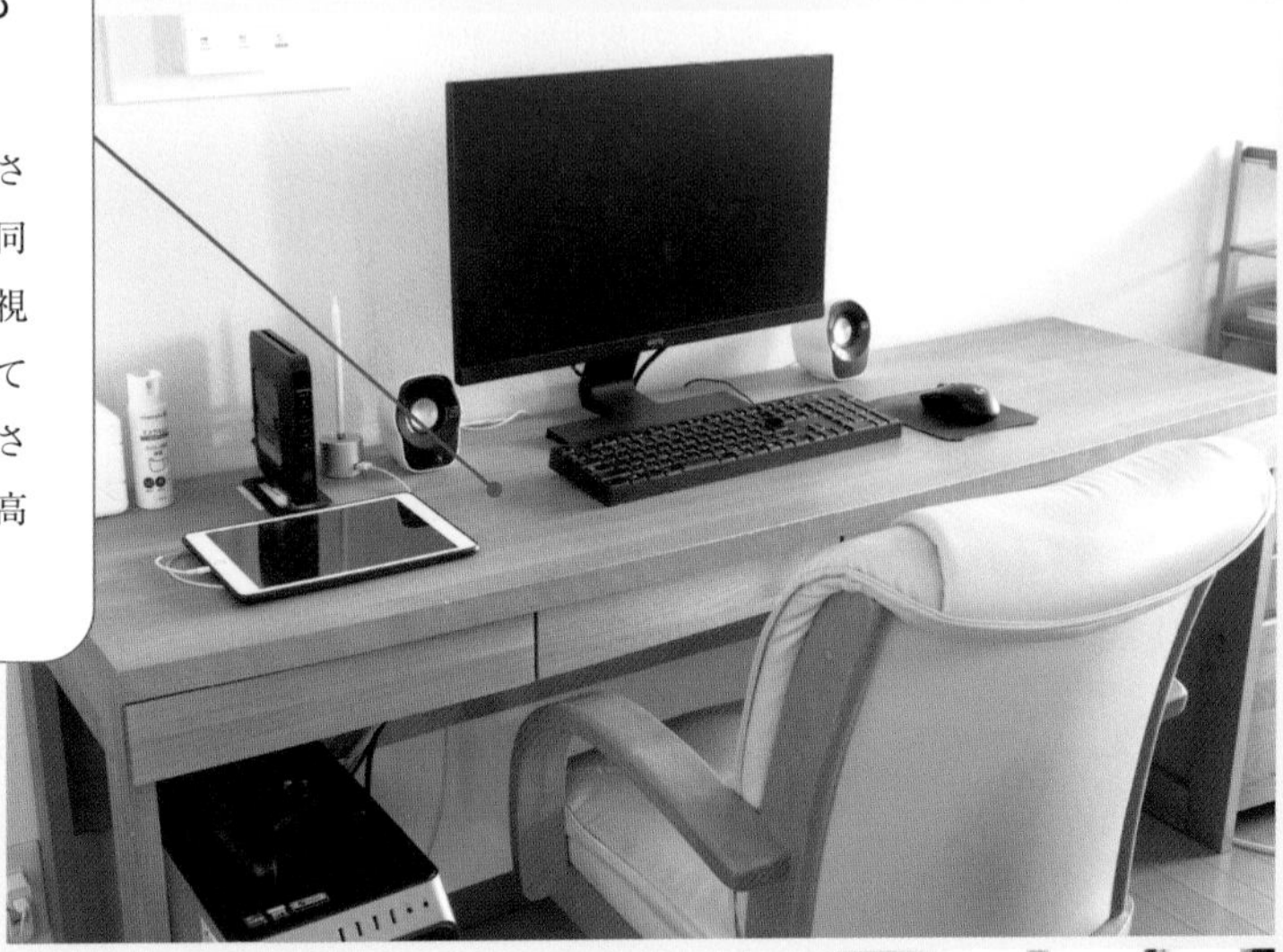

同じモノを見ていても それぞれ視点は違う

パーソナルスペースの大切さを教えてくれた書斎机。「同じモノを見ていても違う視点、それぞれの価値観で見ていることを知りました。まさに“一人一宗”ですね」と高橋さん。

小さな本棚は 日々断捨離して

書斎机の横、リビングの一角にある小さな書棚。限られたスペースのため、書籍や書類をあふれさせないよう日々断捨離しています。こまごましたモノはカゴの中に収めて。

相手の大切なモノに 場所を譲る

高橋さんのパソコンはサイドボードの上に。夫にとってパソコンが高橋さんの思う以上に大切なモノだとわかったため、メインスペースを譲りました。今はモノが理解を深める道具となっています。

やましたひでこさん宅の 書斎スペース

断捨離すると植物が枯れない!?

書斎兼リビングには元気と和みを与えてくれる観葉植物が。「断捨離すると植物を枯らさなくなった」とよく言われますが、これは真実。空間に邪気がなかったら枯れようもないのです。

空間のノイズを消すと集中力が生まれる

住空間に大量のモノがひしめいていると私たちは「うるさい」と感じます。これはモノの色・形・大きさが混ざり合ったノイズ。書斎にあるノイズを消すと、頭の中が整理され、集中力が増します。

仕事が終わるとゼロリセット

ダイニングテーブルにパソコンを1台置いたら、たちまち書斎に。やましたさんが仕事机に求める条件は「俯瞰」できること。執筆や打ち合わせが終わると使ったモノを元に戻しリセットします。

本書に登場した方たちの 書斎スペース実例集

中場美都子さん宅の書斎スペース

映画鑑賞でひと休みしつつ

一日中でも過ごしたい、テレビやコーヒーメーカーも完備のオールマイティーな書斎。

廣田由紀子さん宅の書斎スペース

物置き部屋から復活した書斎

かつては物置き部屋だった天井裏の部屋。低い天井が「おこもり感」のある楽しい空間です。

丸山ゆりさん宅の書斎スペース

引き出しの中も机の上もスッキリ

心が整うスッキリとした個室の机。仕事は気分によってダイニングテーブルと行き来して。

星川テルヨさん宅の書斎スペース

巣立った子どもの部屋を活用して

息子が使っていた部屋を書斎として活用。必要なモノが全て手に届くコンパクトな空間。

義永直巳さん宅の書斎スペース

何もないからアイデアが湧く

ダイニングテーブルで食事も読書もダンシャベリ会も。アイデアの湧いてくる空間です。

第7章

自信を
手に入れた住まい

好きなモノを選び抜くと、自分を好きになっていく

以前は、「これでいいわ」と妥協したモノばかり使っていた丸山ゆりさん。断捨離に取り組むうち、「モノをどう扱うかは、人が自分をどう扱うか」だと気づいたのです。

悩む女性たちに伝えたい
「人生はいかようにもクリエイトできる」

丸山さんは第1期で認定された断捨離トレーナー。断捨離歴13年のベテランです。断捨離と出会ったのは50歳を迎える頃。

「何のとりえもなくつまらない人間だと思っていた私が断捨離で変わりました。新たな人生に希望が生まれ、エネルギーが満ちてきました」と語ります。

物心ついた頃から片づけが上手だった丸山さん。両親や学校の先生から、そしてママ友からもよくほめられてきました。

「でも片づいた家でなぜかくつろげなかったんです。新築でマンションを購入しても友達を呼びたいと思えない。読書するなら駅前の

丸山ゆりさん

断捨離歴13年

60代。兵庫県西宮市在住。長女と愛犬との暮らし。関西初の断捨離トレーナー。モットーは断捨離で「エレガントな女性に」。

リビング＆ダイニング

〝リモート〞もはかどる明るいダイニング

ガラスの天板が部屋をワントーン明るくするダイニングテーブル。仕事も食事も団らんも……ここで1日の多くを過ごすため、夜寝る前にリセットするのが日課になっています。「断捨離をしていてよかった」ととくに感じたのが2020年からの新型コロナ流行時。居心地のよいリビングでリモートワークもはかどりました。

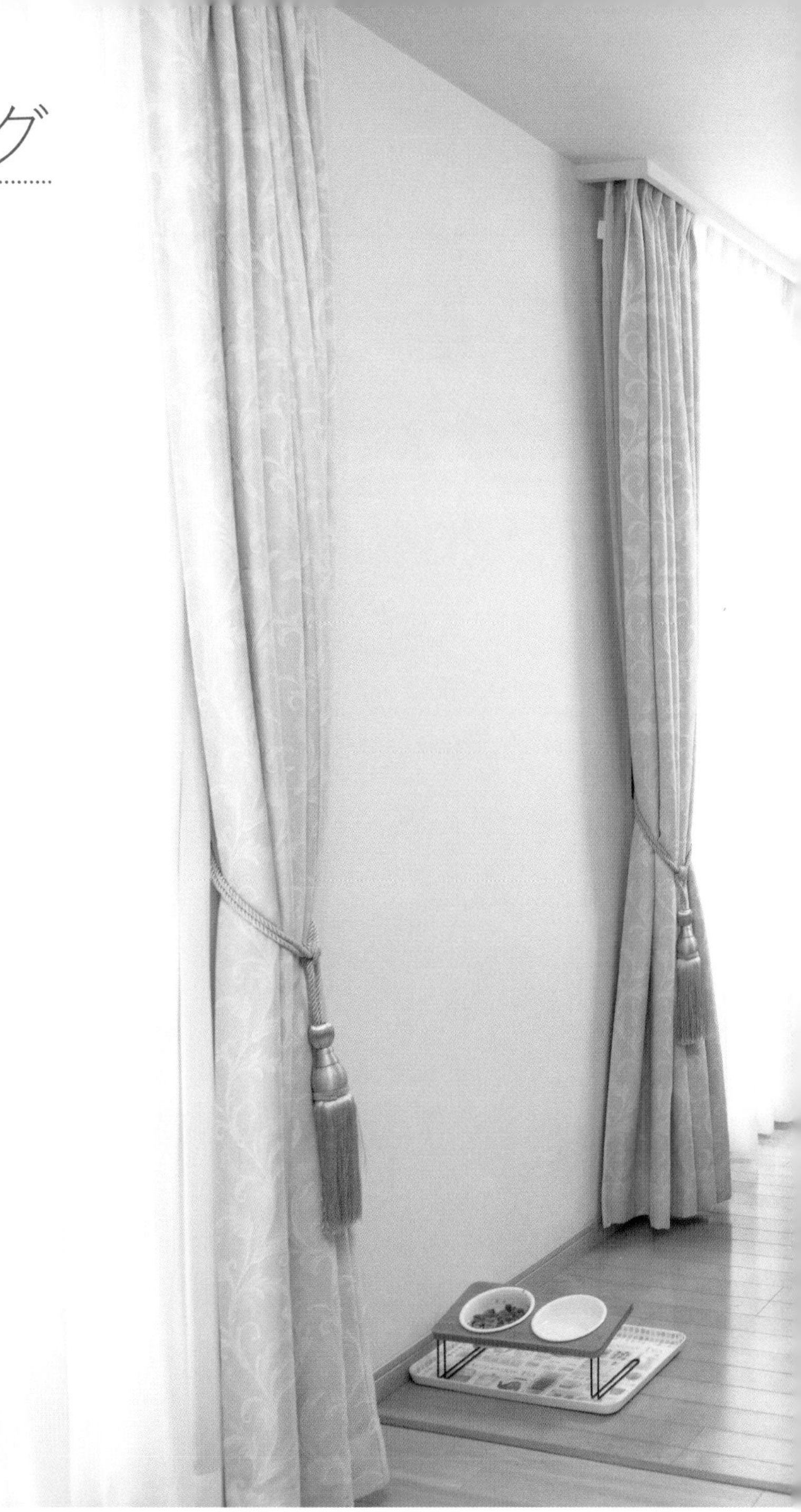

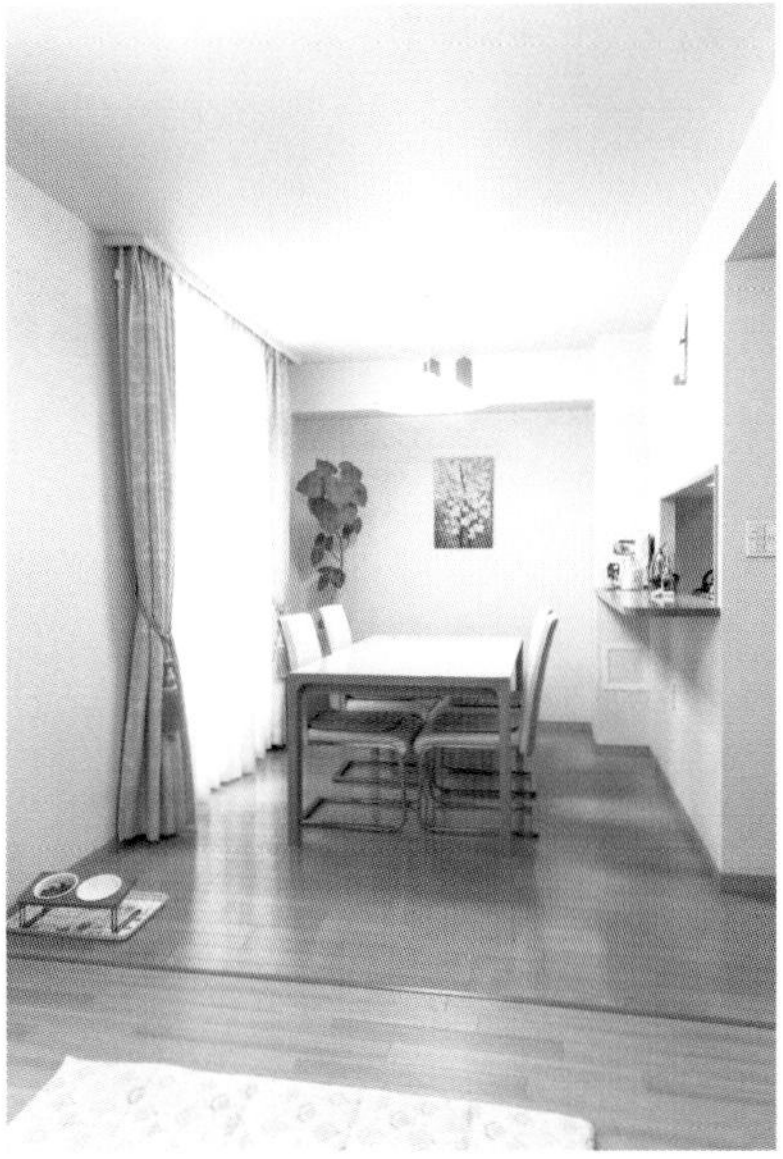

家族の共用スペースであることを意識して、「モノを使ったら元に戻す」をモットーに。愛犬と相性のいい観葉植物ウンベラータと黄色い絵が白壁に映えています。

カフェへ。家にいるとイライラして娘を叱ってばかり。外からの評価と内側の自分とのギャップにモヤモヤしていました」

そんな2010年秋、やましたさんのデビュー作『新片づけ術 断捨離』をたまたま手にします。キッチンの「はらはら置き」の写真を見て衝撃を受け、「答えがここにある」と直感。断捨離セミナーに参加し、〝生のやましたひでこ〟と初対面。「不要で不適で不快なモノを手放して、ごきげんな人生を送りましょう」というメッセージを受け取ったのです。

台湾駐在からの帰国時に買ってきた螺鈿風の椅子。インテリアはテイストを決めず、気に入ったモノを置いて、ちゃんと愛でる。時々模様替えもして。

キッチン

「今、必要?」とつねに問いかけて

「断捨離すると考えるようになった」と丸山さん。モノを厳選すると、しんどさが消えてサッと動け、やる気が湧いてくることを実感しています。「今の自分の生活に必要か」をつねに問いかけ、必要とあらば多少高価な家電も積極的に取り入れることに自ら許可を出しています。使わないモノ・劣化したモノは速やかに入れ替えを。

モノが減るほど、掃除を「しやすくなる、したくなる、よくするようになる」の3拍子。

before

キッチンカウンター

「見てもいないし、さわってもいない、モノを置いておくだけ」だった時代。カウンターの上もこのとおり。

右）ゴミ箱はそれ自体が汚れやすいため、手入れもマメに。市の指定袋はゴミ箱の底にて週2回の燃えるゴミの日まで待機中。左）多用するポリ袋は専用引き出しに。下）お掃除グッズはこの引き出しにひとまとめ。

鍋とフライパンをワンタッチで取り出したい、そんな思いから「立てる収納」を選択。フタは別にまとめ置き。数を減らしたからこそ可能になりました。

食器が教えてくれた自分自身をもてなすこと

とりわけ大きな気づきを得たのが「食器棚の断捨離」でした。そこには丸山さんが気に入って選んだ食器が1つもなかったのです。

結婚してすぐ海外赴任になったため、お互いの実家にあった「間に合わせの食器」でスタート。帰国すると実家が阪神淡路大震災で被災したため、新たな婚礼用品をそろえることも断念。言い換えると「これでいいわ」という諦めのモノばかりを自分に与えていたのです。これは丸山さんの人間関係の悩みとリンクしていました。

「ほかに誰もいないから〝まあ、丸山さんでいいわ〟という扱いを受けていると感じていました。そんな扱いを受けるのは、私の努力が足りないからだとも。でも、自分を大切に扱っていないから、人も自分を大切に思ってくれなかったんですね」

そう気づいた丸山さんは「これでいいわ」という食器をすべて断捨離し、「これからは〝丸山さんでないと困ります〟と言われる人生にしていく」と心に誓いました。

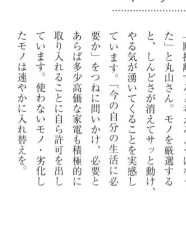

右から）引き出し上段はカトラリーコーナー。ゴールドのスプーン＆フォークは探し求めたクチポール製品。使って気分のいいモノだけを。中段と下段は器コーナー。ブランドにこだわらず、好きな色柄、使いやすさで選び、楽しい気分で使います。

before 食器棚

上から下まで隙間なく詰め込まれ、いかにも危険な食器棚。せっかくの「見える収納」も台なし。

食器棚の扉を開けると、上段には美しいティーカップやガラス製品がゆったりと並びます。下段は普段づかいの器が和洋を問わず。

冷蔵庫

余らせてしまったら早めに「ごめんなさい」

食べ物に含まれる栄養だけでなく「気」を大事にしている丸山さん。食べたくないものを我慢して食べたり、余り物を捨てたことで自分を責めたりしていると、よいエネルギーを逸してしまいます。

上）もっと入ると思っても詰め込まず、平たく置いて一目瞭然に。下）いつでも買い物に行けるため野菜や果物のストックはわずか。見える状態にして野菜室に。

常温食品の保存場所。普段から好きなものを食べては買い足すローリングストック方式で、災害にも対応できるようにしています。

「人が把握できる量はわずか」と考えているため、食品はパッとわかる状態で保存。冷蔵庫の正面、上から4段目は「その日に食べるスペース」として空けておきます。

シューズクローゼットの空間に合わせて靴の「適量」をはかっています。お気に入りの靴でも古びたり傷んだりしたら入れ替えの時期。傘も使うたびに状態をチェックします。

玄関

三和土に敷いた カラフルなマット

三和土にはらりと玄関マットを敷いた遊び心のある玄関。足元の間接照明が空間の広がりを演出しています。床には靴も傘もスリッパも置かず、メンテナンスのしやすさを重視。

忘れがちなシューズクローゼットの中、傘立ての中の掃除も定期的におこなっています。つねに清潔にし、よい「気」を充満させています。

風呂、トイレ、洗面所

ストックは少なく 必要になったら買う

「水回り」は清潔で気持ちよく使いたい場所。つねにモノの取捨選択を欠かしません。購入したものの合わなかった商品は早い段階で断捨離。「必要になったら買える」を合言葉に、ストックは少なめに。手の届きにくい収納スペースは空いたままにしておく勇気を。

before

ユニット洗面台の左側のオープン棚

掃除用品、洗濯用品、バケツなどを収納し、カフェカーテンで目隠ししていた。

いちばん小さな個室であるトイレには飾り物を置かず、スリッパとタオル、陶器の汚物入れも白で統一。「洗えるスリッパ」で清潔第一。

シャンプー類をそのつど持ち込む「銭湯方式」にしたら、掃除がグンと簡単に。年に一度、プロの掃除を依頼して「汚れの断捨離」を行います。

未来に不安があっても 「きっと大丈夫」と思える

断捨離と出会って2年後には、12年間悩んできた結婚生活にピリオドを打ちました。結婚生活はとうに破綻していましたが、夫を慕う娘のこと、年老いた母のこと、経済的な不安が頭をかすめ、長らく離婚に踏みきれなかったのです。

「断捨離でモノを手放すたび、今の自分を信じられるようになりま

右）ボトルが林立しがちな鏡面の収納棚。ヘアケア、スキンケア製品は、家族２人のスペースを均等に分けて収納。オーラルケアグッズは無印良品のケースにそれぞれまとめて。左）洗面台にあるのは「今、使っているモノ」とグリーンだけ。

寝室

シンプルな部屋で質の高い睡眠を

圧迫感のある背の高い家具は置かず、カーテンやベッドファブリックは好きな色や柄で。質の高い睡眠がとれるよう、落ち着いた部屋づくりを目指しています。

壁にはゴッホの絵を飾り、心地よい「目覚めの景色」を。丁寧にベッドメイキングをして、シャキッとした気分で1日をスタートします。

「棚があるとついモノを置きたくなる」。そんな思いから、ベッドサイドにはミニマムな棚が１つだけ。

上）こちらは娘の愛加さんの部屋。母譲りのダンシャリアンでモノのない空間はご覧のとおり。下）ここならどんな作業もはかどりそう。机の上には趣味の置き物や香水を飾るゆとりも。

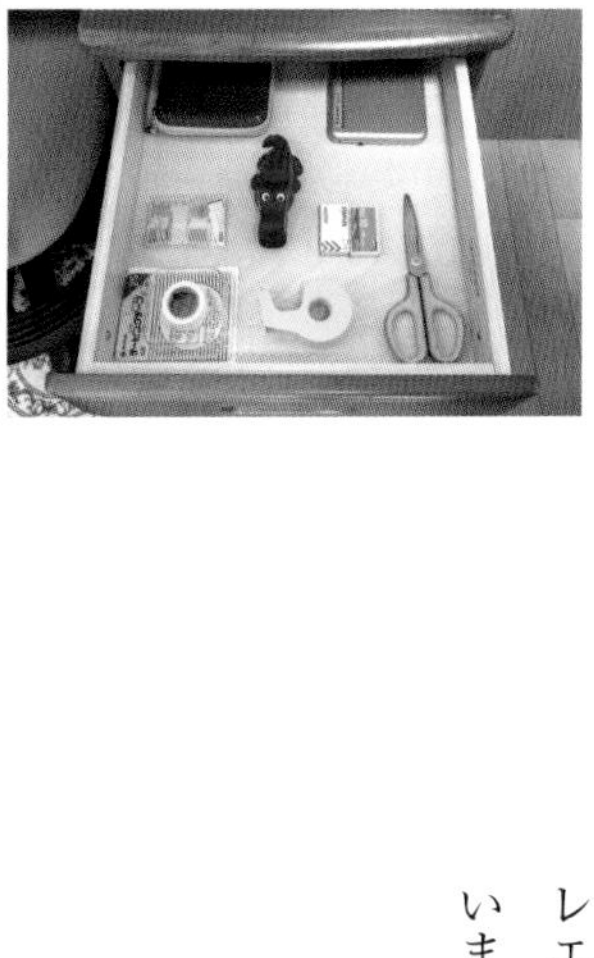

右）愛加さんの机の引き出しの文房具コーナー。この量なら、ストックを持たなくても問題なし。左）棚の中に好きなモノを飾る——収納の既成概念を覆してくれる愛加さんの部屋の棚。

キッチンカウンターには、還暦祝いで娘からもらったルームフレグランスとゲランの香水。暮らしの中の香りを大切にしています。

した。すると未来に対しても、きっと大丈夫と思えたんです」

断捨離の「加点法」も丸山さんを変えていきます。99はできなくても1できたことを自らほめていく。すると自分の長所を見出せるようになり、「私もまんざらでもないかも」と思えてくる。こうして少しずつ自分を好きになっていったのです。

娘の愛加《あいか》さんもダンシャリアン。共に断捨離し、お気に入りのモノと生活をしていると、日々の暮らしこそ最上のもてなしだと実感しています。それを存分に味わうことで自己肯定感も育まれていく。今、丸山さんは愛加さんと同じバレエ教室に通い、笑顔で暮らしています。

Technique

やましたひでこさんが
解説

〝自信〟を手に入れた住まいの断捨離成功テクニック

自分の好きなモノを選び抜いていったら、いつしか自信が生まれていた丸山さん。その〝象徴空間〟をやましたさんはどう見ているのでしょうか。

三和土に置いた玄関マット 理想は中央にはらりと

間接照明が足元を照らす三和土には、カラフルな玄関マットが。「とてもキレイな空間ですが、理想は玄関マットを真ん中に敷いてほしいですね。サンダルはなくしてね。〝正中をとる〟と空間全体がより引き立ちます」とやましたさん。

こんなワザも!

- 傘立ては置かず、傘は扉の中に
- 玄関マットの手入れは念入りに
- 靴箱は2度、断捨離する。2度目に変わる!

シャンプー&ソープは 洗面器で持ち込む式

入浴は「銭湯方式」を採用している丸山さん親子。「お互いダンシャリアンで仲良く暮らしている様子が伝わります。気になるのは、この収納スペースに対しての洗面器の大きさ。空間を絵として見てほしいですね」。

こんなワザも!

- 入浴は癒やしの時間。入浴スタイルを家族に押しつけない
- お掃除グッズコーナーもアート空間にする
- ぬめりやすいボトルや洗面器の手入れを忘れずに

お互いのスペースを分け、美しくディスプレイする

「鏡の中は絵になっていますよね。娘さんとスペースは分けつつ、アート空間になっています。かつ、棚のいちばん上は使っていない。空いていると何かを詰めたくなるけれど、あえて使わない。ここを開けられるのは上級者」とやましたさんは手放しで賞賛します。

こんなワザも!

- 化粧品店のようなディスプレイを楽しむ
- 家族のパーソナルスペースを決めたら、口出ししない
- メイク用品の手入れ、そして収納空間の手入れも

冷やしたグラスで大好きなビールをよりおいしく

冷蔵庫の1つの引き出しを開けるとご覧のとおり。「冷蔵庫でお酒用のグラスを冷やしているのはいいですね。彼女はのんべえだからね（笑）。好きな趣味を楽しんでいるよね」とやましたさん。食品を詰め込まないからこそできるワザです。

こんなワザも！

- 上質なグラスやカップを普段づかいにする
- お絵描きを楽しむように、冷蔵庫の中身を入れ替え
- 冷蔵庫は食べたいもの、楽しいコトの待機場所に

断捨離で人として成長中です

数が少ないから大切に使う目が行き届く

「完璧。ここまではできない」とやましたさんも感服するのは、丸山さんの娘・愛加さんの引き出し。文房具をアイテムごとに1つ。付箋もたくさんはいらない。吟味して選び、ゆとりを持って置く。こうすればストックは必要ありません。

こんなワザも！

- 使用頻度の高いハサミは使い勝手のいい場所に
- 文房具は「一元管理」で迷子にならない
- 引き出し1つも「うっとり空間」にする

自信と断捨離の不思議な関係

自分を大事にする それがセルフイメージになる

自分に与えるモノを選び抜いていますか？ 「これが私のお気に入りのモノ」とちゃんと選んで自分に与えることは、すなわち自分を大事にすること。逆に、「まあいいか、こんなモノで」といって適当に自分に与えることは、自分をないがしろにすること。そういう態度や姿勢が自分のセルフイメージになるのです。そしてセルフイメージどおりに他者からも扱われるようになります。セルフイメージは自然とにじみ出て、他者にも伝わるのです。

モノを選び抜いて自分に与えると、他者からも選び抜かれた存在になる。自分を大事にすると、他者からも大事にされる。その積み重ねが自信となっていくのです。

実例

〃自信〃が手に入るクローゼットの断捨離

「これまでの断捨離で、いちばんがんばったのがクローゼット」と話す丸山さん。どんな思い、どんなプロセスで進めていったのでしょうか?

丸山ゆりさん宅のクローゼット

数は少なくていい 本当に着たい服がある

まだ着られるけれど今はもう着たくない……そんな洋服が大量にあったクローゼット。最初に断捨離に取り組んだのがここ。「今、着たいか」を徹底的に問いかけ、選び抜いていくと、「少ない枚数でこまめに循環する洋服とのおつきあい」になりました。今は、そのシーズンに必要な枚数、ふさわしいデザイン、気分の上がる色柄を意識して洋服選びをしています。扉を開けたとき、うれしい気持ちが自然に湧いてくる、そんな楽しいクローゼットとなりました。

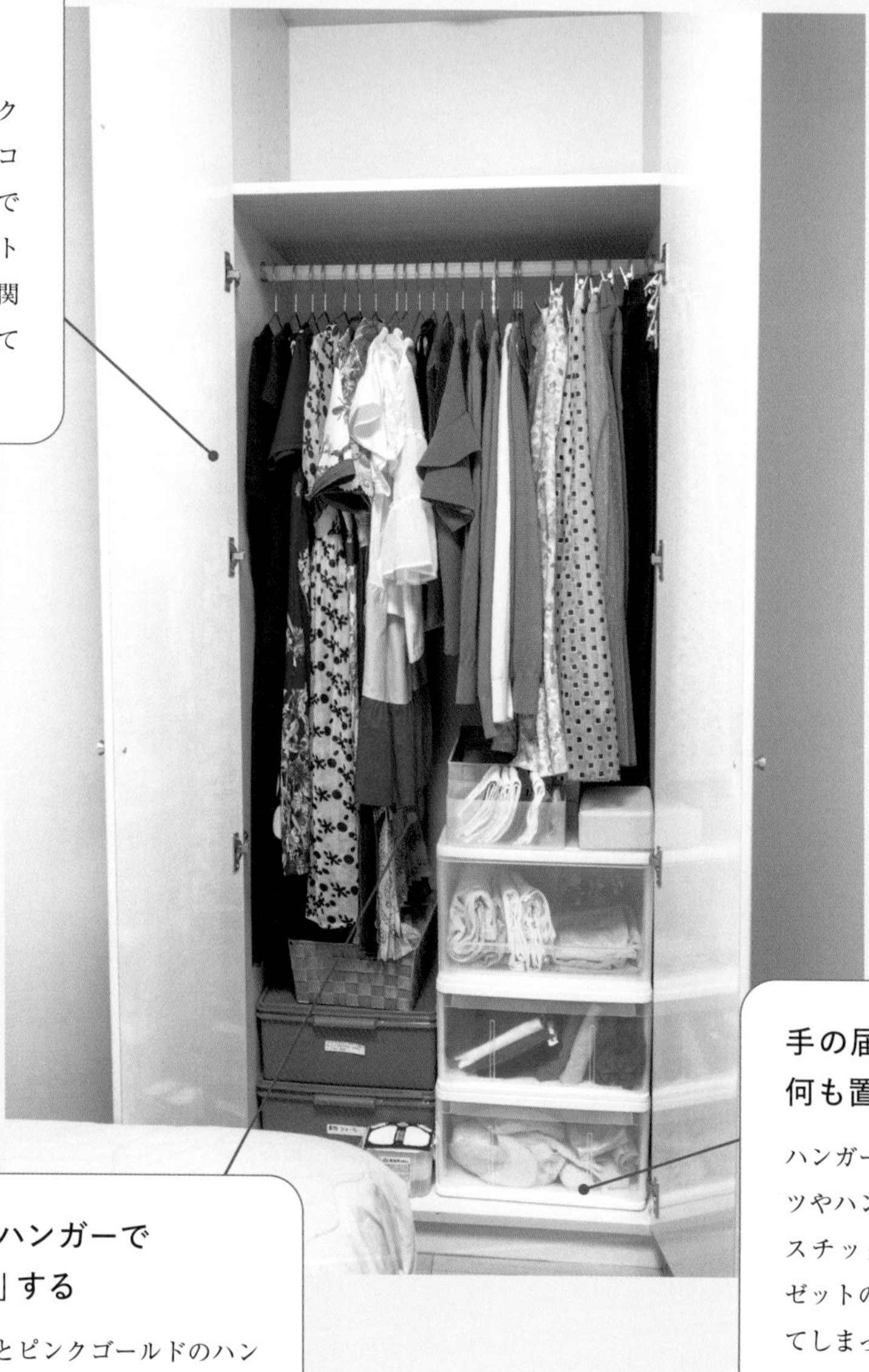

クローゼット内のホコリも断捨離

日々、衣装を出し入れするクローゼットは、意外とホコリっぽくなることを断捨離で実感。定期的にクローゼット内部の掃除をし、洋服との関係を良好に保つよう心がけています。

手の届かない場所は何も置かなくていい

ハンガーに吊るさないTシャツやハンカチ、下着類はプラスチックケースに。クローゼットの下側がやや混み合ってしまったため、クローゼットの上段スペースには何も置かず、余白を作っています。

ピンクゴールドのハンガーで洋服を「総量規制」する

この限られたスペースとピンクゴールドのハンガーの本数で洋服を「総量規制」しています。着たい服だけがそこにある、今日着ていく服がひと目でわかるクローゼットです。

やましたひでこさん宅のクローゼット

新しい服を買って気を入れ替えていく

洋服は自分の邪気を吸い、周りの邪気を吸うもの。いわば古い服は冷蔵庫の消臭剤のようなものです。新しい服を買いって、気の入れ替えを。バッグも中身を空っぽにして新陳代謝。

飽きの来ない服より今、着たい服

洋服は旬のもの。そして人は移り気なものです。たとえどんなに気に入って購入しても、飽きの来ない服はありません。「一生ものの服」でなく、「一番ほしい服」を手に入れましょう。

風呂敷で包んでスーツケースに収める愉しみ

東京・鹿児島・沖縄の３拠点生活をしているため、スーツケースはつねにスタンバイ。旅のパッキングが大好きで、風呂敷で洋服を包み、バッグの中に収めています。

本書に登場した方たちの クローゼット実例集

高橋ひとみさん宅の着物入れ

茶道がご縁で着物の愉しみを享受

桐の着物箪笥に収まるのは、茶道の先生方から譲っていただいた着物６枚、帯６本。

高橋ひとみさん宅のクローゼット

100着捨てて気分もスッキリ

断捨離スタート時、思い入れのある100着を捨てたそう。今はこのハンガーラックのみ。

廣田由紀子さん宅のクローゼット

もう着ない服はすみやかに断捨離

こまめに「全出し」して点検し、着ていない服、飽きた服はすみやかに断捨離します。

義永直巳さん宅のクローゼット

扉がないから着る服を悩まない

扉を一切廃したウォークインクローゼット。季節の服を中心にディスプレイしています。

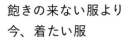

あとがき

断捨離とは地味で地道な営み。
小さな引き出しひとつから始めていく地道な営み。
モノに囲われていた自分を、自分で脱出していくプロセス。
モノに囚われていた自分を、自分で解放していくプロセス。

そんな小さな自分革命であるのです。

断捨離とは自由度を上げていく挑戦。
住まいという空間の自由度を上げていきながら、
生活と人生の自由度を自分に与えていくプロセス。
そんな大きな人生革命であるのです。

あなたの幸せは、あなたの爽快な空間に宿るもの。
あなたの幸せは、あなたの開放的な空間に流れ込んでくるもの。

幸せが宿り、幸せが流れ込んでくる空間を
クリエイトしていくのが断捨離。

すると、思っていたことが、
いいえ、思っていた以上のことが、
さらに、思いもよらなかったことが、

あなたの人生に起きるのですね。

そう、断捨離とは奇跡。
あなたの人生に小さな奇跡を次から次へと起こす
摩訶不思議な力があるのです。

やましたひでこ

監修 やましたひでこ

一般財団法人 断捨離®代表。
学生時代に出逢ったヨガの行法哲学「断行・捨行・離行」に着想を得た「断捨離」を日常の「片づけ」に落とし込み、だれもが実践可能な自己探訪メソッドを構築。断捨離は、思考の新陳代謝を促す発想の転換法でもある。処女作『断捨離』に続く『俯敵力』『自在力』（いずれもマガジンハウス）の三部作をはじめ、著作・監修を含めた関連書籍は国内外累計７００万部を超えるミリオンセラー作家。近著に『モノが減ると「運」が増える　1日５分からの断捨離』『1日５分からの断捨離　モノが減ると、時間が増える』（ともに大和書房）もロングセラーに。台湾・中国でもベストセラーを記録中。

やましたひでこ公式 HP「断捨離」
日々是ごきげん 今からここからスタート
https://yamashitahideko.com/

やましたひでこオフィシャルブログ「断捨離」
断捨離で日々是ごきげんに生きる知恵
https://ameblo.jp/dansharibiog/

断捨離オフィシャル Facebook ページ
https://www.facebook.com/dansharist

やましたひでこ断捨離塾
https://www.yamashitahideko.com/sp/dansharijuku/

STAFF

撮影　金子 睦
デザイン　山本倫子 pond inc.
取材・文　門馬聖子
イラスト　別府麻衣
校正　滄流社
編集　澤村尚生

小さな断捨離が呼ぶ
幸せな暮らし方

監修者　やましたひでこ
編集人　栃丸秀俊
発行人　倉次辰男
発行所　株式会社主婦と生活社
〒104-8357　東京都中央区京橋 3-5-7
TEL 03-5579-9611（編集部）
TEL 03-3563-5121（販売部）
TEL 03-3563-5125（生産部）
https://www.shufu.co.jp/
製版所　東京カラーフォト・プロセス株式会社
印刷所　大日本印刷株式会社
製本所　株式会社若林製本工場

ISBN978-4-391-16068-0